走向
责任共同体

ZOUXIANG
ZEREN GONGTONGTI

新时代大学生
道德责任意识培育研究

陈菲 / 著

北京出版集团
北京出版社

图书在版编目（CIP）数据

走向责任共同体：新时代大学生道德责任意识培育研究 / 陈菲著 . — 北京 ：北京出版社，2023.6
ISBN 978-7-200-17873-9

Ⅰ. ①走… Ⅱ. ①陈… Ⅲ. ①大学生 — 德育 — 研究 — 中国 Ⅳ. ① G641

中国国家版本馆 CIP 数据核字（2023）第 061519 号

总　策　划：	高立志	责任编辑：	侯天保
责任印制：	燕雨萌	责任营销：	猫　娘
封面设计：	田　晗		

走向责任共同体
新时代大学生道德责任意识培育研究
ZOUXIANG ZEREN GONGTONGTI
陈　菲　著

出　　版	北京出版集团
	北京出版社
地　　址	北京北三环中路 6 号
邮　　编	100120
网　　址	www.bph.com.cn
发　　行	北京伦洋图书出版有限公司
印　　刷	北京华联印刷有限公司
经　　销	新华书店
开　　本	710 毫米 ×1000 毫米　1/16
印　　张	13.25
字　　数	178 千字
版　　次	2023 年 6 月第 1 版
印　　次	2023 年 6 月第 1 次印刷
书　　号	ISBN 978-7-200-17873-9
定　　价	65.00 元

如有印装质量问题，由本社负责调换
质量监督电话　010-58572393

序　言

　　道德责任是一个永恒的话题，它与人们的日常生活息息相关。道德责任是人之为人的根本性规定，也是人之自由本质的根本体现，是人类精神文明得以延续的重要依据。道德责任作为社会意识形态的一部分，是社会中的个人以及人与人之间的行为规范，是社会生活的行为准则，无论是对个体的道德发展还是对社会的道德进步都有着重要的推动作用。当代中国正经历着深刻的社会转型，这是社会历史发展的必然结果，其顺利完成和健康发展呼唤着人们的道德责任意识。在社会生活中，人与人、人与集体、人与社会的有序交往同样需要道德责任的调节与保障，人类社会的可持续发展更需要人们超越人类中心主义的狭隘去自觉履行对自然和生态环境的责任。由此可见，道德责任教育已然成为社会进步和人类发展的必然要求。

　　青年责任担当是新时代高校立德树人的重要内容。习近平总书记指出："社会历史的发展是连续性和阶段性的统一，一个时期有一个时期的历史使命和任务，一代人有一代人的历史担当和责任。"[①] "新时代中国青年处在中华民族发展的最好时期，既面临着难得的建功立业的人生

[①] 习近平：《以史为鉴、开创未来　埋头苦干、勇毅前行》，载《求是》，2022年第1期。

际遇，也面临着'天将降大任于斯人'的时代使命。"① 时代各有不同，青春一脉相承。培养担当民族复兴大任的时代新人既反映了中国特色社会主义新时代这一特定历史阶段对人才培养的客观需求，也承续了中国共产党依据时代中心任务的变化而培养新人的历史传统。从一定意义上来说，培养担当民族复兴大任的时代新人，归根到底就是要培养当代青年的道德责任意识和使命担当意识，亦即从知、信和行等多个维度引导新时代青年肩负起国家民族和人民赋予的时代责任。可以说，道德责任教育正是涵育时代新人的题中之义。

大学生作为国家栋梁之材，是社会主义现代化建设的生力军，他们肩负着国家发展和民族振兴的任务，更担负着铸就人类未来的历史使命。大学生的道德责任观念不仅关乎大学生自身成长与德性的发展，更体现出一个国家和民族未来的素质与道德水准，在一定程度上反映出这个国家在未来世界范围内的竞争实力。然而，处在改革关键期和社会转型攻坚期的中国，社会生活状况日益复杂，社会矛盾日益凸显，社会问题大量涌现。社会变革似把"双刃剑"，其深刻的影响力造成了当代大学生思想观念和价值观念的异化。大学生对待道德责任普遍存在着矛盾心态，在中西方价值观和社会思潮的相互激荡与激烈冲突之中大学生们无所适从、进退失常，时而阳光进取、积极向上，时而随波逐流、逃避责任。大学生的道德观念与道德标准变得愈加不明确，价值取向紊乱，道德责任意识缺失日益严重，这很大程度上影响着我国高校大学生的健康培养。因此，培养当代大学生的道德责任认知，提升当代大学生的道德责任能力，涵养当代大学生的道德责任情感，锤炼当代大学生的道德责任意志，引导当代大学生自觉地履行道德责任，成为高校德育和思想政治教育的重中之重。

基于大学生道德责任教育之重要性与必要性，要求我们自觉地以马

---

① 习近平：《在纪念五四运动100周年大会上的讲话》，载《人民日报》，2019年5月1日，第2版。

克思主义理论为指导来审视当前的高校道德责任教育，要求我们以严谨的态度和科学的方法来开展和保证大学生道德责任教育的有力实施。马克思伦理思想作为中国特色社会主义道德文化建设的重要思想资源，它立足于主体人的价值存在和价值关系，把人的价值实现和完善作为伦理思考的最高对象。这为我们探索当代大学生的道德责任问题，提供了崭新的理论视角和丰富的理论资源，也为高校道德责任教育的创新实践提供了重要的逻辑支撑。站在马克思伦理观的高度对我国大学生道德责任教育进行分析和指导，这要求我们放弃长期以来高校德育中空洞的"灌输"与"说教"，要求我们通过理论与实践的结合引导大学生自觉践行道德责任，要求我们以"完整的人"、"自由而全面的人"以及"真正人的道德"思想去明确我国当代大学生道德责任培养的目标，要求我们以辩证的思想去面对和应对当代大学生道德责任意识缺失的问题，要求我们结合学校、家庭、社会及大学生本身等各方面的因素去探寻大学生道德责任教育的途径。

首先，本书运用历史分析与逻辑分析的方法，在回溯马克思伦理思想发展历程的基础之上，阐释了马克思伦理思想的特质及其在当代社会中的现实意义。马克思伦理思想立足于人的价值关系和价值存在，以唯物史观作为其科学方法，将人的发展、完善与价值实现作为伦理思考的最高对象，体现了其独有的理论气质。马克思将道德所指涉的对象从单个的人、作为类存在的人拓展到自然界和整个生态系统，实现了对传统人类中心主义伦理道德观的超越。马克思对伦理道德思考的宏阔背景和理论视角，为我们解读道德责任的相关范畴提供了重要的理论资源，也为我国社会主义道德建设提供了有力的理论支撑。

其次，在马克思伦理思想的观照之下，对道德责任的内涵、要素、生成依据以及形态嬗变进行了分析。所谓道德责任，乃社会个体基于对自身作为关系性存在和所占有的社会角色的发展性认识，根据一定社会的道德价值体系，自觉践履各种道德要求的道德行为能力以及对自己行为后果的善、恶的承担。从历史唯物主义的视角出发，分析了道德责任的主体只能是处于社会关系之中且具有道德能力的"现实的人"；道德责任的客体则是人在实践交往之中的对象，包括自我、他人、社会、国家、民族、人类以及自然界等。笔者论证了道德责任生成的客观依据，即人的关系性存在和社会生活，以及道德责任生成的主观依据，即人的意志自由和道德能力；分析了人之生存方式历史和现代转型与人之道德责任的形态嬗变，即传统社会中人作为整体性存在的整体化责任、近现代社会中人作为单子式存在的自我化责任和当代社会中人作为共生性存在的"他者"责任。

再次，分析当代大学生道德责任教育的应然层面，即当代大学生道德责任的具体内容以及当代大学生应当具备的道德责任能力。一方面，从当代大学生的角色特征和责任向度出发，认为当代大学生的道德责任对象就是生活实践中的"他者"，他们应当肩负对"他者"和"自我"的责任。对自我负责构成了为"他者"负责的前提，而"他者"包括他人、民族、国家、人类等，也包括地球上的一切自然生命形式和非生命存在形式。当代大学生的道德责任具有交互性、平等性和主体间性的特征。另一方面，着力探寻当代大学生道德责任能力的要素及其形成规律，即知行统一、个体性与社会性统一、他律与自律统一；同时分析了大学生道德责任能力的生成机制，包括自我建构、角色扮演和社会实践三大方面。

又次，描绘了当代大学生道德责任教育的现实图景，即实然层面。在社会转型的大背景之下，大学生的道德责任教育显得尤为迫切和紧要。通过问卷和访谈调研，发现大学生道德责任认知、判断、情感和行为的现状都不容乐观。据此，本书从宏观、中观和微观三个层面分析了当前高校责任教育的困境，认为社会转型的震荡、高校责任教育的局限和大学生自身因素等方面是造成当前大学生道德责任失落的主要原因。

最后，鉴于当代大学生道德责任教育在实然层面与应然层面之间的差距，提出大学生道德责任教育应从理念、目的和内容上实现超越。这是本书的主旨所在。高校道德责任教育应以学生的全面发展为其根本理念，从培养"工具人"转变为培养"完整的人"，以崇高的道德理想引领大学生德性世界的自我构建。真正有效的道德责任教育，不是以培养学生循规蹈矩为目的，而应当以引导学生理解负责为目的。理解负责实质上包含了认知和能力两个维度，由此，笔者提出以"价值观教育"和"道德能力教育"为主要内容的道德责任教育体系。前者主要包括基于共生的"他者"意识教育和以尊重为核心的价值观教育；后者则包括道德回应能力、道德选择能力和道德实践能力的培养。同时，提出高校道德责任教育实践的具体措施和策略：通过发挥高校培养主阵地的作用、家庭教育潜移默化的作用以及使积极的社会资源引入高校道德责任教育之中，以期汇集三方面合力，实现当代大学生道德责任教育的创新和超越。

大学生道德责任教育既涉及基本理论的探寻，也涉及对责任践行和责任教育的现实反思，将道德责任的相关范畴放置于马克思伦理思想的视域内进行思考，并对我国大学生道德责任教育进行分析和指导，旨在尝试将马克思伦理思想与中国道德教育的当前实际相结合。这是马克思主义中国化进程和社会主义道德建设的必然要求。书中对于很多问题的探讨也许只是初步的，但希望这一研究能够对当前和未来社会的责任教育有所推动，更希冀为道德责任教育的研究和推行提供更为广阔的视角。

目录

导 论 ……………………………………………………………… 1

一、道德责任教育：涵育时代新人的题中之义 ………………… 3
二、道德责任的理论研究及其意义 ……………………………… 9
   1. 关于道德责任的主体与客体 ……………………………… 12
   2. 关于道德责任之依据 ……………………………………… 14
   3. 关于道德责任的判定与归因 ……………………………… 17
三、道德责任教育的经验与启示 ………………………………… 19
四、人作为关系性存在：探析道德责任及其教育的新视角 …… 23
   1. 马克思伦理思想提供的丰富滋养 ………………………… 23
   2. 新时代大学生道德责任内容以及道德责任能力的生成
     与内在结构 ………………………………………………… 24
   3. 马克思伦理视域下高校道德责任教育的未来超越 ……… 25

第一章　马克思伦理思想特质及其中国化论域 ……………… 27

一、马克思伦理思想之特质 ……………………………………… 29
   1. 人的价值存在与价值关系：马克思伦理思想的立足点 … 29
   2. 人类中心主义的超越：马克思的生态伦理关怀 ………… 31
   3. 理论的超越与实践的回归：马克思的科技伦理思想 …… 34
二、现代性审视：马克思伦理思想的现实意义 ………………… 36

第二章　马克思伦理观视域下道德责任之意蕴 …… 43
一、道德责任之界定 …… 45
1. 责任 …… 46
2. 道德责任 …… 47
3. 道德责任与相关概念的辨析 …… 53

二、道德责任之要素 …… 57
1. 现实的人：道德责任的主体 …… 57
2. 实践活动的对象：道德责任的客体 …… 59

三、道德责任之生成 …… 61
1. 道德责任生成的客观依据 …… 61
2. 道德责任生成的主观条件 …… 65

四、人的存在方式与道德责任的形态 …… 72
1. "以人的依赖"阶段的整体性个体与整体化责任 …… 72
2. "以物的依赖"阶段的单子式个体与自我化责任 …… 77
3. "共生性存在"阶段的共生性个体与"为他"的责任 …… 81

第三章　大学生道德责任的界定及道德责任能力的生成 …… 85
一、大学生道德责任的界定 …… 87
1. 共生性个体：当代大学生的角色特征 …… 88
2. 实践交往：当代大学生道德责任生成的场域 …… 91
3. 为"他者"负责：当代大学生道德责任的内容 …… 93

二、大学生道德责任能力的构成要素和内在结构 …… 105
1. 道德能力的构成要素 …… 105
2. 大学生道德责任能力的内在结构 …… 107

三、大学生道德责任能力的生成机制 …… 110
1. 道德责任认知与道德责任行为相统一 …… 110
2. 道德责任自律与他律相统一 …… 112

第四章　当代大学生道德责任教育的现实图景 …… 115

一、当代大学生道德责任教育的必要性与重要意义 …… 117
1. 大学生道德责任教育对社会发展有着重大意义 …… 117
2. 大学生道德责任教育对大学生发展的意义 …… 119

二、当代大学生道德责任的现实审视 …… 121
1. 大学生道德责任认知发展的不平衡 …… 122
2. 大学生道德责任判断水平有待提升 …… 126
3. 大学生道德责任情感的被动与波动 …… 130
4. 大学生道德责任行为的承担与失落 …… 132

三、高校道德责任教育的现实困境 …… 135
1. 社会转型的震荡：宏观层面之困境 …… 135
2. 高校责任教育的局限：中观层面之困境 …… 138
3. 大学生道德责任危机：微观层面之困境 …… 143

第五章　走出困境：大学生道德责任教育的未来超越 …… 147

一、人的全面发展：大学生道德责任教育理念的超越 …… 149
1. 超越"工具人"培养"完整的人" …… 150
2. 从"实然"到"应然"：引领大学生德性世界的自我构建 … 152

二、从"教会负责"到"理解负责"：大学生道德责任教育目的的超越 …… 153
1. "理解"之于个体的德性意义的生成 …… 154
2. "理解"之于个体道德责任认知的发展 …… 156

三、为"他者"负责：大学生道德责任教育内容的超越 …… 157
1. 基于"共生"的"他者"意识教育 …… 157
2. 尊重：为"他者"负责的核心价值教育 …… 159
3. 为"他者"负责的能力的培育 …… 162

第六章 习近平关于新时代青年责任担当重要论述的核心要义、时代价值与践行路径 ········ 169

一、习近平关于新时代青年责任担当重要论述的核心要义 ········ 171
1. 在历史和现实的际遇中深刻揭示新时代青年的责任与使命 ··· 171
2. 深刻阐明新时代青年责任担当的基本内涵 ·················· 174

二、习近平关于新时代青年责任担当重要论述的时代价值 ········ 177
1. 对马克思主义青年责任观的创造性运用和时代性拓新 ········ 177
2. 为新时代青年成长成才提供重要精神指引 ·················· 179
3. 为学校责任教育提供了根本遵循 ··························· 181

三、习近平关于新时代青年责任担当重要论述的践行路径 ········ 182
1. 发挥合力，涵育青年责任担当意识 ························· 182
2. 立足实践，锤炼青年责任担当本领 ························· 184
3. 学习榜样，增强青年责任担当自觉 ························· 185

结束语 ·· 187

参考文献 ·· 193
一、马克思主义经典著作 ·································· 193
二、西方主要著作中译本 ·································· 193
三、外文主要参考文献 ···································· 195
四、中文主要参考著作 ···································· 198
五、中文主要参考论文 ···································· 199

导论

一、道德责任教育：涵育时代新人的题中之义
二、道德责任的理论研究及其意义
三、道德责任教育的经验与启示
四、人作为关系性存在：探析道德责任及其教育的新视角

一、道德责任教育：涵育时代新人的题中之义

道德责任是一个古老而又现实的话题。在西方从古希腊的柏拉图、亚里士多德、苏格拉底，到近代的哲学家康德、黑格尔、萨特、杜威、科尔伯格等；在中国从古代的孔子、孟子到近现代许多思想家等都有关于责任问题的相关论述。在日常生活中，"责任"亦是人们耳熟能详的词，它与人们的生活息息相关且时时刻刻围绕在人们的日常生活之中。可以说，道德责任是一个永恒的话题，是人之自由本质的根本体现，是人类精神文明得以延续的重要依据。道德责任作为社会意识形态的一部分，是社会中个人及人与人之间的行为规范，是社会生活的行为准则，无论是对个体的道德发展还是对社会的道德进步都有着重要的推动作用。

深处社会转型之中的当代中国，在市场经济日益成熟、物质生活空前繁荣、综合国力不断提升、人民生活不断完善的同时，各种社会思潮与观念也相互激荡，致使人与人之间的相互关系、价值理念也随之发生翻天覆地的变化。"功利主义""唯我主义""绝对自由主义""享乐主义"等观念盛行，诸如舍己为人、助人为乐、恪尽职守、家庭和睦等我国传统的优秀道德观念和道德品质面临着严峻的挑战。而我国长期坚持的以马克思主义理论为指导的社会主义精神文明建设的主流价值观对人们的价值引领也呈现出疲软之势。社会上责任缺失、道德失范的事件屡见不鲜，如"小悦悦""毒奶粉""假疫苗""毒胶囊"等事件不胜枚举，种种现象无不在拷问着当代中国人的良心与责任意识。当代中国的社会转型是社会历史发展的必然结果，其顺利完成和健康发展呼唤着人们的道德责任意识，人与人、人与集体、人与社会的有序交往同样需要

道德责任的调节与保障，而人类社会的可持续发展更需要人们超越人类中心主义的狭隘去自觉履行对自然以及生态环境的责任。由此可见，道德责任教育与培养已然成为社会进步和人类发展的必然要求。

成长于我国改革开放的大潮流之下的当代大学生，是最具创造力和革新精神的群体。大学生作为国家栋梁之材，是社会主义现代化建设的主力军和生力军，亦是国家未来发展的中坚力量，他们肩负着国家发展和民族振兴的任务，更担负着铸就人类未来的历史使命。可以说，当代大学生的道德品质和责任观念是建设富强、民主、文明、和谐的现代化国家，实现中华民族伟大复兴的重要保证，更对人类社会的文明延续和发展起关键作用。大学生道德责任的现状不仅关乎大学生自身成长与德性发展，更体现的是一个国家和民族未来的素质与道德水准，在一定程度上反映出这个国家在未来世界范围内的竞争实力。《中共中央 国务院关于进一步加强和改进大学生思想政治教育的意见》指出："加强和改进大学生思想政治教育，要以理想信念教育为核心，深入进行树立正确的世界观、人生观和价值观教育，使大学生正确认识社会发展规律，认识国家的前途命运，认识自己的社会责任。"[1] 党的十八大报告中指出："推进公民道德建设工程，弘扬真善美、贬斥假恶丑，引导人们自觉履行法定义务、社会责任、家庭责任。"[2] 党的十九大报告中进一步强调："青年兴则国家兴，青年强则国家强。青年一代有理想、有本领、有担当，国家就有前途，民族就有希望。中国梦是历史的、现实的，也是未来的；是我们这一代的，更是青年一代的。中华民族伟大复兴的中国梦终将在一代代青年的接力奋斗中变为现实。"[3] 习近平在纪念五四运

---

[1] 《中共中央 国务院关于进一步加强和改进大学生思想政治教育的意见》，载《人民日报》，2004年10月15日。

[2] 胡锦涛：《坚定不移沿着中国特色社会主义道路前进 为全面建成小康社会而奋斗——在中国共产党第十八次全国代表大会上的报告》，载《光明日报》，2012年11月18日。

[3] 习近平：《决胜全面建成小康社会 夺取新时代中国特色社会主义伟大胜利——在中国共产党第十九次全国代表大会上的报告》，载《光明日报》，2017年10月18日。

动 100 周年重要讲话中也强调:"新时代中国青年要继续发扬五四精神,以实现中华民族伟大复兴为己任,不辜负党的期望、人民期待、民族重托,不辜负我们这个伟大时代。一是要树立远大理想,二是要热爱伟大祖国,三是要担当时代责任,四是要勇于砥砺奋斗,五是要练就过硬本领,六是要锤炼品德修为。"① 可见,党和国家都高度重视对大学生的教育,尤其是道德教育,将大学生的责任教育、道德教育放置于关乎社会主义事业的高度上来考量。

然而,处在改革关键期和社会转型攻坚期的中国,社会生活状况日益复杂,社会深层次矛盾凸显和新问题大量涌现。社会变革是一把"双刃剑",其深刻的影响力造成了当代大学生思想观念和价值观念的异化,大学生在对待自身道德责任时,普遍存在着一种矛盾的心态。一方面对社会快速发展和物质生活的不断改善感到振奋和满足;另一方面在面对社会负面现象时又感到纠结与困惑,在利益诱惑面前,一些大学生陷入极端的个人主义和唯我主义,责任意识缺失。在中西方价值观和社会思潮的相互激荡与激烈冲突之中大学生们无所适从、进退失常,时而阳光进取、积极向上,时而随波逐流、逃避责任。大学生的道德观念与道德标准变得愈加不明确,价值取向紊乱,道德责任意识缺失日益严重,这严重影响着我国高校大学生的健康培养。因此,培养当代大学生的道德责任认知,提升当代大学生的道德责任能力,培养当代大学生的道德责任情感与意志,引导当代大学生自觉地履行道德责任,是当前高校德育和思想政治教育的重中之重。

基于大学生道德责任教育之重要性与必要性,要求我们自觉地以马克思主义理论为指导来审视当前的高校道德责任教育,要求我们以严谨的态度和科学的方法来开展和保证当前大学生道德责任教育的有力实施。马克思伦理思想作为中国特色社会主义道德文化建设的重要思想资

---

① 习近平:《在纪念五四运动 100 周年大会上的讲话》,载《人民日报》,2019 年 5 月 1 日,第 2 版。

源，它立足于主体人的价值存在和价值关系，把人的价值实现和完善作为伦理思考的最高对象。这为我们探索当代大学生的道德责任问题，提供了崭新的理论视角和丰富的理论资源，也为当前高校道德责任教育的创新实践提供了重要的逻辑支撑。站在马克思伦理观的高度对我国大学生道德责任教育进行分析和指导，这要求我们放弃长期以来高校德育中空洞的"灌输"与"说教"，要求我们通过理论与实践的结合引导大学生自觉践行道德责任，要求我们以"完整的人"、"自由而全面的人"以及"真正人的道德"思想去明确我国当代大学生道德责任培养的目标，要求我们以辩证的思想去面对和应对当代大学生道德责任意识缺失的问题，要求我们结合社会、家庭、学校及大学生本身等各方面的因素去探寻大学生道德责任教育之途径。因此，笔者在马克思伦理的视域下分析大学生道德责任教育对我国高校大学生道德教育、我国社会主义道德建设都有着重要的启示和指导意义，对道德价值和道德功能的扩散和推广，乃至社会道德的进步都有着极大的推动作用。

就大学生的道德发展状况而言，道德责任的缺席已然成为学校道德教育实效缺失的重要因素。因此，加强学校道德责任教育，增强大学生的责任心，激发大学生道德责任情感，引导他们树立正确的责任意识，并自觉履行对自我、他人、国家、社会以及自然界的道德责任，对于营造社会生活的良好秩序，加强社会主义道德建设，提高高校道德教育的实效性，促进大学生全面自由发展都具有重要的理论意义与现实意义。

第一，有利于深化和提升道德责任问题的理论研究。关于道德责任的理论研究在西方国家起步较早，研究成果丰富，而我国对这一论题的研究则起步相对较晚，从已有的研究来看相关的理论体系仍不算完备和成熟，因而需要理论工作者们做出进一步的研究与探讨。笔者将道德责任的相关问题放置于马克思伦理观的视域内，从人的价值存在与价值关系的视角出发，以唯物主义的立场、观点与方法，对道德责任的相关范畴进行探索，从中厘定了道德责任的内涵、道德责任的要素、道德责任的依据以及道德责任的形态发展。为当代大学生道德责任的界定以及道德责任能力生成的规律与机制提供了理论基础，同时，也为进一步深化道德责任的研究提供新的视角和相关理论借鉴。

第二，有利于丰富和完善当代大学生道德责任教育的研究。当代大学生作为我国社会主义建设的生力军，对其的道德责任教育有着现实的必要性和重要性，在高校德育之中有着举足轻重的地位。笔者厘定了当代大学生道德责任的基本内容，分析了大学生道德责任能力的形成机制以及内部结构，考察了当代大学生道德责任的具体表现，探究了当代大学生道德责任缺失的相关原因，提出了实现大学生道德责任教育之超越的理念、目标、方法、原则以及具体措施与途径。这拓宽了当代大学生道德责任教育的研究领域，同时也丰富和完善了当代大学生道德责任教育理论的研究。

第三，有利于推进马克思主义伦理思想的中国化进程以及中国化马克思伦理理论的形成。在当代大学生道德责任的教育过程中，以马克思主义理论为指导思想的社会主义核心价值体系决定着当代大学生道德责任教育培养的基本立场、根本目标、培养方向。笔者力图在当代大学生道德责任教育的全过程之中融入马克思伦理思想的基本立场和终极理想，将马克思伦理思想作为当代大学生道德责任教育的根本指导思想，使马克思伦理思想与当代中国的道德建设之实际相结合，从而有利于深化和推进马克思主义伦理思想的中国化进程。同时，在不断推进马克思主义伦理思想的中国化过程之中，结合社会主义道德建设的实际和传统中国的优秀道德精神，促使中国化马克思伦理理论的形成。

首先，大学生道德责任教育是培养堪当民族复兴大任时代新人的必然要求。高校的根本任务是培养和造就德智体美全面发展的中国特色社会主义的建设者和接班人。培养大学生的社会责任感和奉献精神是高校立德树人工作的重要内容。2022年4月25日，习近平在中国人民大学

走向责任共同体
新时代大学生道德责任意识培育研究

师生代表座谈会上讲话中指出，立足新时代新征程，中国青年的奋斗目标和前行方向归结到一点，就是坚定不移听党话、跟党走，努力成长为堪当民族复兴重任的时代新人。广大青年要用脚步丈量祖国大地，用眼睛发现中国精神，用耳朵倾听人民呼声，用内心感应时代脉搏，把对祖国血浓于水、与人民同呼吸共命运的情感贯穿学业全过程、融汇在事业追求中。要做社会主义核心价值观的坚定信仰者、积极传播者、模范践行者。要时刻准备着，以咬定青山不放松的执着，在实现中华民族伟大复兴的时代洪流中踔厉奋发、勇毅前进。要牢记党的教诲，立志民族复兴，不负韶华，不负时代，不负人民，在青春的赛道上奋力奔跑，争取跑出当代青年的最好成绩。① 这要求新时代青年大学生自觉将自我价值的实现和对社会责任的践行辩证地统一起来，既体现了党和国家对大学生的殷切期望，也彰显了当代大学生的责任目标。要求广大青年学生培养起高度的社会责任感和强烈的奉献精神，努力朝着有理想、有道德、有文化、有纪律的目标迈进，才能自觉地将自己的一生同国家的前途和民族的命运联系起来，在波澜壮阔的社会主义现代化建设新征程上努力锻造和提高自己，在实现中华民族伟大复兴的进程中建功立业。

其次，加强大学生道德责任教育是全面建设社会主义现代化国家的内在要求。中国共产党团结带领中国人民历经的百年奋斗，归结为一个主题就是实现中华民族伟大复兴。经过党和人民持续奋斗，我们实现了第一个百年奋斗目标，正在意气风发向着全面建成社会主义现代化强国的第二个百年奋斗目标迈进。在全面建设社会主义现代化国家的新征程上，大学作为人才、知识和文化聚集的高地，担负着培养高素质人才，增强创新活力，培育先进文化，塑造科学精神等方面的历史使命。大学生更是宝贵的人才资源，是民族的希望，是祖国的未来，是肩负建设社会主义现代化国家历史使命的生力军。习近平总书记深切地寄语青年人

---

① 《习近平在中国人民大学考察时强调　坚持党的领导传承红色基因扎根中国大地　走出一条建设中国特色世界一流大学新路》，见新华网，2022年4月25日。

"希望广大青年用脚步丈量祖国大地,用眼睛发现中国精神,用耳朵倾听人民呼声,用内心感应时代脉搏,把对祖国血浓于水、与人民同呼吸共命运的情感贯穿学业全过程、融汇在事业追求中"。因此,加强对大学生的责任教育,引导帮助他们站在时代和历史发展的高度,以战略眼光来认识和增强自己的社会责任意识,更好地担当起时代赋予的重要职责。

最后,加强大学生道德责任教育是促进大学生健康成长成才的应有之义。马克思、恩格斯在谈到人的一般责任时曾指出:"作为确定的人,现实的人,你就有规定,就有使命,就有任务。至于你是否认识到这一点,那都是无所谓的。"① 也就是说,责任体现了人的一种社会必然性,对于任何一个现实的、具体的人来说都是"不可推卸的"。也就是说,人的责任,本质上是一个关系范畴,它发生于人与外部世界的现实关系中,而体现的却是人与人、人与社会的关系。如果每个大学生都培养起了对国家、社会、集体、他人以及对自己的责任心,自然也就摆正了在整个社会中的位置,身心得到健康和谐发展,并由此达到应有的思想道德境界,为将来成为德才兼备的高素质人才打下基础。

二、道德责任的理论研究及其意义

中西方诸多学者都对道德责任的基本范畴进行了专门的论说。在西方,如古罗马思想家西塞罗所著的《论责任》、德国哲学家康德所著的《道德形而上学原理》、意大利伦理学家马志尼的《论人的责任》、美国哲学家鲁卡斯的《责任》、伦理学教授约翰·马丁·费舍和马克·拉维扎合著的《责任与控制——一种道德责任理论》等。在中国,如学者程东峰的《责任论》、徐向东的《自由意志与道德责任》等。尽管他们

---

① 《马克思恩格斯全集》(第3卷),人民出版社1952年版,第329页。

对于道德责任的论说不尽相同，但不能否认的是，道德责任是伦理学研究中无法规避的一个重要话题。因为，从本质上来说，道德责任是人之为人的根本规定性，从来也没有谁认为除了人之外还有其他的什么物种能够担当道德责任的，只有具备主体性和能动性的人，才能被要求承担道德责任。由此可见，道德责任之于个人乃至人类社会的生存、发展和完善来说都有着极其重要的意义。

国外关于道德责任理论的研究大致可分为三个方向。一是以马克斯·韦伯、汉斯·约纳斯（Hans Jonas）、汉斯·伦克（Hans Lenk）等为代表的责任伦理学。这一方向的研究，主要关注的是人类在面对可持续生存的问题时，应当如何承担起道德责任的实践，如全球责任伦理、技术责任伦理、行政责任伦理、媒体责任伦理、大学责任伦理等，他们将责任问题的研究视为应用伦理学的主题和原则，将"责任"视为应用伦理学的核心范畴和原则，使得责任成为伦理生活和评价的终极标准。这方面的代表论著有约纳斯的《责任原理》、孔汉斯的文章《全球责任》以及他所起草的《世界责任宣言》、特里·L.库帕（Terry L. Cooper）的《行政伦理学：实现行政责任的途径》、伦克的《应用伦理学导论：责任与良心》、唐纳德·肯尼迪（Donald Kennedy）的《学术责任》等。二是以分析哲学的方法来深入探寻道德责任的理论问题，主要代表人物是英国当代的分析哲学家皮特·斯特劳森。这一研究方向所要着力解决的是，传统伦理学中关于道德责任所未能解决的问题，例如道德责任的概念、道德责任与意志自由的关系、道德责任与决定论以及道德责任判定的条件等。其代表论著包括彼得·F.斯特劳森（Peter F. Strawson）的《自由与怨恨》、鲁卡斯（J. R. Lucas）的《责任》、约翰·马丁·费舍（John Martin Fischer）和马克·拉维扎（Mark Ravizza）合著的《责任与控制——一种道德责任理论》、威廉·史维克（William Schweiker）的《责任与基督教伦理学》、费迪南·斯库曼（Ferdinand Schoeman）主编的《责任、品格和情感——道德心理学新论》、约尔·范伯格（Joel

Feinberg）主编的《理性和责任》以及腾·凡·戴恩主编的《道德责任与本体论》。三是关注美德伦理方面的道德责任，特别表现在对亚里士多德道德责任观的解读与现代诠释之上。代表著作有泰伦斯·厄温的《亚里士多德的理性与责任》、苏珊·索福·迈耶的《亚里士多德论道德责任品格与原因》、让·罗伯茨《亚里士多德论行动责任和品格》等。总的看来，第一个方向是在广度上对传统伦理学中的道德责任理论进行了内容的扩充；第二个方向则着力在深度上对道德责任的理论进行挖掘和深入；第三个方向则主要聚焦于在当代社会中个人道德责任的评价问题。

在我国，对于道德责任的研究可追溯到20世纪80年代，主要着重于探究艺术领域和医疗领域内的道德责任。从20世纪末到21世纪初，教育领域中的道德责任研究在国内开始得到了重视。在梳理了相关研究成果之后，发现国内学术界对道德责任问题的研究主要聚焦在以下几个方面：第一，是从理论上对道德的主体以及其所承担的具体道德责任的内容进行研究，如企业道德责任、政府道德责任、媒体道德责任、学校道德责任、青年道德责任、儿童道德责任等问题的探讨。第二，是从社会主义道德建设的角度来研究公民道德责任建设以及道德责任教育，主要通过以描绘现状、分析原因和提出具体以及实施策略的方式进行研究。第三，是对个体道德责任意识或道德责任情感的调查和培育研究，主要通过访谈、问卷调查等方式结合道德心理学的相关理论基础进行研究。此外，国内关于道德责任的研究还表现为，对西方的道德责任研究成果的某一方面的总结、借鉴和评论上。总体来讲，国内关于道德责任问题的研究更多地关注于应用层面之上，而对道德责任的理论研究则较多地侧重于总结、借鉴和评论国外相关理论研究成果的基础之上。事实上，道德责任是一个颇为重要的领域，应当更侧重于道德责任的相关理论问题的深入挖掘之上，形成独具中国意味的道德责任理论。这要求我们自觉以马克思主义理论为指导思想，结合中国传统的优秀道德资源，

走向责任共同体
新时代大学生道德责任意识培育研究

深入挖掘道德责任的理论蕴意。

就目前的学术成果来看,国内外学者关于道德责任的研究成果相当丰硕,学者们循着不同的视角与思路,基于不同的理论基础,对道德责任的方方面面都做出了详尽的阐述。笔者将着力考察与本书内容密切关联的范畴进行梳理,主要包括关于道德责任主客体、道德责任生成依据以及道德责任判定与归因问题的探讨三个方面。

1. 关于道德责任的主体与客体

首先,对于道德责任主体,即"谁负责",这是一个具有共识性的问题。除了具备主体性和能动性的人可以成为道德责任的主体,其他任何物种都不能被称为主体。因而,对这个问题的回答必然是"人是道德责任的主体"。正如马克思的论断:"作为确定的人,现实的人,你就有规定,就有使命,就有任务。至于你是否意识到这一点,那是无所谓的。"[①] 康德则认为:"每一个在道德上有价值的人,都要有所承担,没有任何承担、不负任何责任的东西,不是人而是物件。"[②] 存在主义的代表人物萨特更直接说:"人是一种责任的存在……不管我做什么,我一刻也不能从这种责任中撕开,因为我对我逃避责任的欲望本身也负有责任。"[③] 鲍曼则说:"做人意味着……我应当为他者负责……我的责任是不可转移的,没有人能够代替我。"[④] "就是说我作为人的身份开始于我的责任……责任是我单独负有的,是我在人类的范围内所不能拒绝的。"[⑤] 而约翰·马丁·费舍和马克·拉维扎在其合著的《责任与控制——一种

[①] 《马克思恩格斯全集》(第3卷),人民出版社1965年版,第329页。

[②] 〔德〕依曼努尔·康德:《道德形而上学原理》,苗力田译,上海人民出版社1986年版,第6页。

[③] 〔法〕让-保罗·萨特:《存在与虚无》,伦敦1957年英文版,第796页。

[④] 〔英〕齐格蒙特·鲍曼:《后现代伦理学》,张成岗译,江苏人民出版社2003年版,第90页。

[⑤] 〔英〕齐格蒙特·鲍曼:《后现代伦理学》,张成岗译,江苏人民出版社2003年版,第90页。

道德责任理论》一书中则强调："人与其他生物之间的一个重大区别在于，只有人才能对他们所做的事负起道德上的责任。"① 在《道德本质论》（夏伟东，1991）一书中也提及："道德从一开始起，最根本的目的，就是要求个人把自己的生存、发展和完善的需要，汇入社会整体或社会大多数成员共同的生存、发展和完善的需要这个大需要系统中去。"② 可见，古今中外的学者们都对道德责任的主体达成了共识，即道德责任的主体是人。此外，也有学者指出，由于人们总是依据自身需要结成一定的群体。因而，道德责任的主体既可以是个体，也可以是由单个的人组成的群体。"群体责任主体体现着责任的公共性，意味着群体在追求自身利益的同时，不能以牺牲内部成员、其他群体的利益为代价，不能把自身的危机转嫁给社会。"③

其次，对道德责任客体的探讨，即负责任的对象的问题。意大利伦理学家马志尼在《论人的责任》一书中，按照道德责任所关涉的对象划分为：人类、国家、家庭和自身。对道德责任客体划分的这一方式是最为普遍的。直至20世纪后半叶，西方学界兴起了关于责任伦理的研究，责任伦理学是基于对人类所面临的生态危机和科技伦理的反思以及对人类可持续生存的思考之下产生的，其代表人物有德裔学者约纳斯、美国学者雷德（John Ladd）、德国学者伦克等。责任伦理学试图借助责任原则，唤起整个社会的危机意识，从而防止人类的共同灾难。约纳斯说"以前没有一种伦理学曾考虑过人类生存的全球性条件及长远的未来，更不用说物种的生存了"④，由此，责任伦理学将道德责任的对象从人类拓展至了对自然、生态以及科学技术的关注之上，实现了对以往伦理学

---

① 〔美〕约翰·马丁·费舍、马克·拉维扎：《责任与控制——一种道德责任理论》，杨韶刚译，华夏出版社2002年版，第1页。
② 夏伟东：《道德本质论》，中国人民大学出版社1991年版，第40页。
③ 荀明俐：《从责任的漂浮到责任的重构——哲学视角的责任反思》，黑龙江大学博士学位论文，2010年，第28页。
④ 〔美〕汉斯·约纳斯：《责任之原则——工业技术文明之伦理的一种尝试》，法兰克福1979年德文版。

思考的人类中心主义的反思和超越。而在国内学界，学者们对于道德责任客体的思考也基本延续了西方的这一思路，从以人类为中心的关注，到对生态、自然界以及科学技术的扩展。

2. 关于道德责任之依据

所谓道德责任之依据，即作为主体的人为什么要负责。综观国内外学者对这一问题的探讨，大致可以将其划分为三个类别。

一是将人的意志自由作为道德责任生成的根本依据。亚里士多德从人作为理性主体的角度，确定了一个责任行为者必须具备的两个条件，即知识与自由，这开启了关于意志自由与道德责任关系的讨论。德国的古典伦理学大师康德，开创了义务伦理之先河。在康德的义务伦理学之中，责任占据中心地位，他将责任解释为"由于尊重规律而产生的行为必要性"①，或阐释为由"道德必然性"所引发的"强迫"②。对于主体如何认识规律的回答则是：人作为"有理性的东西"所具有的"意志所固有的性质"的自由。③ 存在主义者萨特认为，人就是自由。其伦理思想的核心就是自由承担责任的绝对性质。"如果一个人不能自由选择，那么他就不是一个真正的人。""威胁人的自由或人之为人的尊严的，最为根本的在于人自己逃避自由的本性。"④ 美籍学者哈里·法兰克福特（Harry Frankfurt）、约翰·马丁·费舍、马克·拉维扎、伯纳德·维纳（Bernard Weiner）等。他们将自由理解为道德主体自主进行道德选择或对自身行为的控制权能，正因为人具备自主选择的自由，所以必须对其行为产生的后果负责。"一个人只有当其在不能够另有选择的情况下做

---

① 〔德〕康德：《道德形而上学原理》，苗力田译，上海人民出版社1986年版，第6页。
② 〔德〕康德：《实践理性批判》，邓晓芒译，人民出版社2003年版，第112页。
③ 〔德〕康德：《道德形而上学原理》，苗力田译，上海人民出版社1986年版，第102页。
④ 包利民、〔美〕M.斯戴克豪思：《现代性价值辩证论——规范伦理的形态学及其资源》，学林出版社2000年版，第177页。

了其所做之事的时候，才可以不对其所做之事承担道德责任"[1]，"拥有事实性的因果关系控制，是构成在道德上对'作为'及其后果负责的充分条件，而对'不作为'承当道德责任则要以拥有管制性的因果关系控制为先决条件。"[2] 伯纳德·维纳也认为道德责任与作为主体的"可控的因果关系为必要条件"[3]。

二是将个体的社会角色视为道德责任来源的依据。古希腊哲学家柏拉图的道德责任观就是"角色身份论"[4]的典型。柏拉图所构筑的理想国，是一个和谐有序的社会，在这个社会中"全体公民无例外地，每个人天赋适合做什么，就应派给他什么任务，以便大家各就各业，一个人就是一个人而不是多个人，于是整个城邦成为统一的一个而不是分裂的多个"[5]。柏拉图将社会成员划分为统治者、武士和劳动者三个等级，并在此基础上构建了完整的社会职责分工体系。统治者的天赋决定了他们通过学习可以认知到世界终极的善和真理，因此，他们的使命就是治理国家和塑造公民的心灵；武士则天性勇敢，他们依照统治者的命令，依自身的勇敢美德来承担护卫城邦的使命；生产者们擅长各种技艺，因此，他们发挥自身的专长，从事农业、商业、手工业、艺术、娱乐等社会活动，一方面为自身生存创造条件，另一方面，还承担供养城邦治理者的责任。正义城邦中的三个等级各司其职、各尽其责。国内学界对"角色身份论"持普遍认同的态度。一方面，这是由中国传统社会中对

---

[1] Harry Frankfurt, "Alternate Possibility and Moral Responsibility", in *The Journal of Philosophy*, Vol. 66, Iss. 23, 1969, p. 839.
[2] John Martin Fischer and Mark Ravizza, "Responsibility and Inevitability", in *Ethics*, Vol. 101, No. 2, 1991, p. 276.
[3] Bernard Weiner, *Judgement of Responsibility: A Foundation for A Theory of Social Conduct*, The Guilford Press, 1995, p. 8.
[4] 高湘泽：《道德责任的主体必然性与合理性之根据》，载《哲学研究》，2006年第3期，第57页。
[5] 〔古希腊〕柏拉图：《理想国》，郭斌和、张竹明译，商务印书馆1986年版，第423页。

于角色伦理的注重决定的。中国古代的名责思想①，正是当代道德责任的"角色身份论"的雏形。所谓"君君、臣臣、父父、子子"（《论语·颜渊》），所表达的就是："有君之名，则有君之责；有臣之名，则有臣之责；有父之名，则有父之责；有子之名，则有子之责。"② 换而言之，就是一个人在家庭里是什么身份，在社会上是什么角色，他就相应地具有什么样的责任。名分变化了，他的义务和责任也会随之发生变化。另一方面从个人角色的角度来思考道德责任的依据和来源的确存在其合理性。首先，它揭示了"人类道德责任的双重来源，人的责任或义务首先是由人类自然身份赋予的，然后是由其社会身份赋予的，前者具有天赋义务的性质，后者具有人为约定义务的性质。这便是人类责任的双重来源"③。其次，它弥补了意志自由无法完全揭示人的道德责任来源的盲区。既然是"'由人类自然身份赋予'的道德责任或义务，即'具有天赋性质的道德责任或义务'，当然就不需要以主体的自主自由为前提条件，因而也弥补了'主体自由论的思路'在理论解释上的盲区"④。

三是从个人与社会的历史关系中寻找道德责任的依据。其着眼点在于，从作为主体的个人与社会历史的相互依存关系中来理解个体的权利和义务。正如马克思所说："思想、观念、意识的产生最初是直接与人们的物质活动，与人们的物质交往，与现实生活的语言交织在一起的。观念、思维、人们的精神交往在这里还是人们物质关系的直接产物。表现在某一民族的政治、法律、道德、宗教、形而上学等的语言中的精神

---

① 名责思想：儒家认为春秋时期礼崩乐坏的根本原因在于名实相怨，主张通过"正名"，即确定名分，使人们明确自己的身份、名位及其分内之责，来建立伦理秩序。所以儒家侧重于从伦理规范解释"名"，即指名分、职分。孔子提出的"为政必先正名"（《论语·子路》），是从政治伦理的角度提出的，而"名不正则言不顺"（《论语·子路》）、"惟器与名不可假人"（《左传·成公二年》）之名皆为名分、职分之义。

② 田秀云：《儒家名分论中的合理内涵与现代角色伦理建设》，载《道德与文明》，2007年第6期，第33—34页。

③ 万俊人主编：《清华哲学年鉴·2003》，河北大学出版社2004年版，第6页。

④ 高湘泽：《道德责任的主体必然性与合理性之根据》，载《哲学研究》，2006年第3期，第57页。

生产也是这样。"① 而持这一观点的，大多是我国的学者们，他们认为"每一个社会个体总是生活在一定群体之中，为保障社会有序运行，一定群体总要对其成员提出一定的权利和义务，这种权利和义务就是个体的责任"②。一方面，"由于历史是作为主体的人自己创造的，因而每个主体对社会历史的发展都负有不可推卸的责任"③；另一方面"作为现实的主体，有各种需要，这些需要只有通过主体与客观世界的物质交换以及主体与主体之间的相互联系才能得到满足。主体在社会生活中的相互联系、相互依存，就使得主体之间相互承担责任成为必要"④。

事实上，关于道德责任之依据的三种探讨路径，都具有其合理性，但亦有其不足之处。因为它们分别对道德责任的某一方面的依据或来源进行了解释，但却存在对道德责任其他方面依据或来源的解释盲区。人的意志自由主要解释了人为何要对自身行为的后果负责，而无法解释人的道德义务的来源；"角色身份论"则揭示了人为何需要做好分内之事，为何需要承担道德义务，但却无法解释人为何需要对自身行为后果承担道德责任；而个人与社会的历史关系则主要是从宏观上解释了人之道德责任的历史来源、内容演变和形态发展。因此，要对道德责任的依据或来源做出全面而合理的解释，必须将这三种路径结合起来。笔者就以马克思的个人与社会历史关系为视角，运用历史唯物主义的方法，结合人的意志自由和角色身份的思路来界定道德责任的来源与依据，以期弥补这三种路径各自的不足之处。

3. 关于道德责任的判定与归因

道德责任的判定与归因一直是西方哲学史上学者们关注的重要问

---

① 《马克思恩格斯全集》（第3卷），人民出版社1965年版，第29页。
② 陆传照：《道德责任与道德建设》，载《探索》，1999年第6期，第31页。
③ 魏安雄：《论主体道德责任》，载《现代哲学》，1999年第1期，第96页。
④ 魏安雄：《论主体道德责任》，载《现代哲学》，1999年第1期，第97页。

题。道德责任的判定，即一个人在怎样的情形下应当承担道德责任，而对这一问题的回答又常常是与道德责任的归因相联系的。亚里士多德是西方伦理思想史上最早谈论责任的人。[①]他在论及人的理性选择时提出了"道德责任归因于理性主体"的思想，这一思想成为现代道德责任归因研究最原始的根据。亚里士多德说："德性既然是关于感受和行为的，所以对于那些自愿的行为就赞扬和责备，对那些非自愿的就宽恕，有的时候甚至怜悯。所以在研究德性的时候要对两类行为加以区别。"[②]在传统观点中，选择的多样和相对的自由成为道德责任判定的必要条件。换而言之，如果没有真正地选择的可能性，一个人是因受迫而有所行为，那么，他就不负有对其行为的道德责任。

在当代，西方学界关于道德责任归因的问题长期存在着观点上的争议，即在道德判定和归因上应当遵循何种原则的问题。目前来看争论的焦点主要集中在"选择的可能性原则"和"可作为原则"两个方面。前者从行为主体的"作为"出发，探讨在道德上的负责或免责条件；后者则是从行为主体"不作为"出发，探讨在道德上的负责或免责条件。哈里·法兰克福特在其撰写的《选择的可能性与道德责任》一文中否定了传统道德归因中将"选择的可能性原则"视作真理的理论观点。他认为"即使一个人处在一种不能另有作为的情况下，他也有可能应当为他所作为的事承担道德责任"[③]。为此，他列举了被西方理论界称为"法兰克福特式的案例"的案例，来佐证他的观点。同时，法兰克福特也对传统观念中的"选择的可能性原则"的基本含义进行了修正，即"一个人只有当其在不能够另有选择的情况下做了其所做之事的时候，才可以不对

---

① Ishtiyaque Haji and Stefaan E. Cuypers, *Moral Responsibility, Authenticity and the Education*, Routledge, 2008, p. 8.

② 〔古希腊〕亚里士多德：《尼各马可伦理学》，苗力田译，中国社会科学出版社2003年版，第42页。

③ Harry Frankfurt, "Alternate Possibility and Moral Responsibility", in *The Journal of Philosophy*, Vol. 66, Iss. 23, 1969, pp. 829-830.

其所做之事承担道德责任"①。而费舍和拉维扎则在《责任与不可避免性》的文章中，提出了与法兰克福特不同的意见。他们提出并论证了"作为"和"懈怠"在道德责任负责和免责条件上的"不对称性论点"②，表明了他们对道德责任负责条件的观点，并否定了"选择的可能性原则"。同时，也阐明了他们对于道德责任免责条件的观点，并据此提出了道德责任的负责和免责问题上应当遵循的"可作为原则"。所谓"可作为原则"就是"如果一个人本来能够实施某一行为，但实际上却并未实施该行为，那么，他就应当对未能实施该行为承担道德责任"③。事实上，无论是法兰克福特的"选择的可能性原则"，抑或是费舍和拉维扎的"可作为原则"，都并不能算作完整的道德责任负责和免责原则。道德责任负责和免责的条件，并不能仅仅从外在于人的客观环境中来探寻，也不能单单归咎于人的内在主体性的因素。对于道德责任的判定必须既考虑客观因素也考虑主观因素，人的道德责任的实现既需要外部环境给予一定的道德选择空间，同时也需要责任主体具备一定的道德能力。这也是笔者考量道德责任判定条件的思路和依据。

三、道德责任教育的经验与启示

关于教育领域中的道德责任研究，也是中西方学者所关注的焦点之一。瑞士著名道德心理学家皮亚杰从个体发展的视角出发，创建了其道德认知发展理论。他揭示了道德责任之于个体的发展过程和生成机理，他认为道德的发展与道德判断的发展是相统一的，而个体的道德责任则

---

① Harry Frankfurt, "Alternate Possibility and Moral Responsibility", in *The Journal of Philosophy*, Vol. 66, Iss. 23, 1969, p. 839.
② John Martin Fischer and Mark Ravizza, "Responsibility and Inevitability", in *Ethics*, Vol. 101, No. 2, 1991, p. 261.
③ John Martin Fischer and Mark Ravizza, "Responsibility and Inevitability", in *Ethics*, Vol. 101, No. 2, 1991, p. 277.

是道德判断的最为显著的发展特征。他主张道德责任是主客体相互作用的结果，并由此将个体道德责任的发展划分为客观责任和主观责任两个阶段。其后皮亚杰的思想得到了心理学家科尔伯格的发展，并将道德责任的发展阶段扩展至了 3 个阶段 6 个层次。我国著名教育哲学家鲁洁先生的《德育新论》《道德教育的当代论域》等论著则力图从人作为社会人的关系性存在入手，来探究当代学校道德教育的转型问题，为当前学校道德责任的创新实践提供了崭新的理论视角和广阔的理论背景。

斯库曼（2012）在其著作《道德心理学新论》中从大学生道德心理调查出发，分析大学生道德心理现状，并提出引导大学生道德心理健康发展和道德责任教育的有效途径。他指出，大学生道德心理健康和谐发展以及道德责任教育的有效途径必须综合社会、学校、家庭的力量，进行三位一体的教育。德国著名伦理学家史维克（2012）在其著作《大学生道德责任与本体论》中指出，道德责任教育是社会有生力量，是大学生教育的本质，也是大学生未来成长和发展的基础。美国学者霍利·哈塞尔（Holly Hassel）和杰西卡·洛瑞（Jessica Lourey）探讨了大学生责任缺失的各种表现，他们通过对学生进行学习和责任态度关系的测试，旷课、追求分数、物质追求是大学生责任缺乏的具体表现。文章提出了促进大学生责任践行的各项措施，主要包括课堂教学的变革，以明确的理念引导学生；通过对话促进学生的责任意识；增加对旷课的惩罚；等等。[1] 辛西姬·莱克·豪厄尔（Cynthia Lake Howell）在《改革高等教育课程以提高学生责任》一文中指出，由于传统教学模式使得教师的能力受限，因而，传统的课堂教学难以唤起学生的主动学习和自主学习的责任情感。因此，要从高等教育课程改革着手，以激发学生自主学习的责任，旨在通过构建学生自主学习的课程体系来改善大学生学习责任失落

---

[1] Holly Hassel and Jessica Lourey, "The Dearth of Student Responsibility", in *College Teaching*, Vol. 53, No. 1, 2005, pp. 2 – 13.

的现状。①

中国历来就有重视青年一代责任教育的传统。我国古代的"修身、齐家、治国、平天下"的教育目标，就体现了人的个体发展与社会责任的统一性。诸如孔子的"当仁不让"，孟子的"舍我其谁"，张载的"为天地立心，为生民立命，为往圣继绝学，为万世开太平"，顾炎武的"天下兴亡，匹夫有责"，李大钊的"铁肩担道义"，等等，都无不体现了中国历代知识分子对于人的历史使命和社会责任的信仰。事实上，传统的中国社会正是以"责任"为纽带而维系的伦理体系。以名定责、因名循责等观念对中国社会历史产生了数千年的影响力。这些思想，都为当代的道德责任教育提供了丰富的理论资源。借助于中国期刊网对"道德责任教育"和"责任教育"进行检索，分类整理所有文献后发现国内学界对该论题的研究主要可分为以下几个方面。

第一，理论探索类。段志光在其所著的《诺贝尔医学奖与大学生心理教育》一书中，对大学生社会责任感的理论问题进行了研究，提出了以人生价值观追求引导大学生社会责任感的培养，同时，强化当代大学生人生学习责任感。另外，索里等的《教育心理学》②着力探究了小学生的自我责任感，对小学生自我责任感的发展提出了一系列的措施，包括方法途径、最佳时间以及发展策略等。博士论文《学校道德责任教育研究》（赵文静，2008）从尊重学生自由的视角出发，提出了以教会学生"学会负责"为目的的学校道德责任教育体系。《学校责任教育论纲》（崔欣伟，2006）以21世纪的社会责任危机为切入点，探讨了学校责任教育的应对措施，构建了以"责任生存"为目标的学校责任教育体系。

---

① Cynthia Lake Howell, "Reforming Higher Education Curriculum to Emphasize Student Responbibility: Waves of Rhetoric but Glacial Change", in *College Teaching*, Vol. 50, No. 3, 2002, pp. 116 – 120.
② 〔美〕J. M. 索里、C. W. 特尔福德：《教育心理学》，高觉敷等译，人民教育出版社1983年版。

第二，对策研究类，这是学者们关注最多的领域。总的来说，教育对策研究的贡献主要包括：对学生责任感教育培养的途径与方法进行了探索；对学生责任教育的目标和评价标准进行了制定与探索；以"知、情、意、行"作为学生责任能力的要素，并按这一思路，力求责任教育能够促使学生在责任方面达到知行统一的效果；以学校教育为主阵地，并力图通过学校、家庭和社会的结合来达到责任教育的预期目标。

第三，实证调研类。这类文献通常是对学生的责任意识和责任情感的现状进行调研，同时分析现状形成的主要原因。这类研究与社会的舆情调查相类似，将学生作为一个独立的社会群体，采取问卷调查的方式，将责任认知和责任情感的一些关键要素穿插其中，并揭示其共性规律，最终提出相应的对策。如《转型期大学生的价值取向及其整合对策研究》；国家哲学社会科学基金项目《当代大学生的责任意识》的专题研究；《80后年轻人，缺乏责任感的一代》；等等。学者们普遍认为当代大学生责任感缺乏的原因在于"当代西方个人主义伦理思潮的影响；独生子女的优势性，使大学生对自我过分关注；中国教育历来重视教育的社会价值取向，而对学生的独立人格和个性发展的重视则相对不足"[①]。

综上所述，国内外学者们关于道德责任的理论研究成果相当丰硕。学者们从不同的学科、不同的视角对传统的道德责任理论做出创新与发展。责任伦理学立足于当代人所面临的科技伦理危机和生态危机，提出了从责任对象的拓展来解决人类持续生存的问题，实现了对传统道德责任理论在广度上的拓展。分析哲学则着力挖掘传统道德责任理论中未能详尽探讨的理论盲区，实现了对传统道德责任理论在深度上的延伸。而无论是广度的拓展还是深度的延伸，其最终目的都是致力于促使作为主

---

① 刘世保：《责任教育研究与指导》，北京理工大学出版社2011年版，第10页。

体的人的道德责任能力的生成，力图使人能够自觉承担和践履道德责任。这也是国内外学者所共同关注的焦点。从古至今，道德责任就是一个与人们的生活息息相关的话题，因此，就当前学术界的研究成果来看，想要穷尽道德责任理论问题的方方面面，显然是不太可能的。事实上，道德责任是一个具体的历史的范畴，在不同的时代、不同形态的社会中，主体人的责任内容和责任的限度亦有所不同。尽管这一点在学术界是达成共识的，但以马克思的人与社会的历史关系的视角，来分析道德责任的历史发展、形态演变的研究还不多见。同时，从原始社会到当代社会，人的生存方式也发生了巨大的转变，既然道德责任总是人的责任，那么人的生存方式的转变与道德责任的形态发展又有怎样的关联呢？这是笔者着力探讨的理论问题之一。这一理论问题的廓清，是进一步探讨新时代大学生道德责任教育的前提性基础。

四、人作为关系性存在：探析道德责任及其教育的新视角

1. 马克思伦理思想提供的丰富滋养

马克思伦理思想是中国特色社会主义道德文化建设的重要思想资源。马克思伦理思想立足主体人的价值存在和价值关系，把人的价值实现和完善作为伦理思考的最高对象，即将人的完善、社会的发展、历史的进步这三者统一起来，这是马克思伦理思想展示的宏阔背景或根本内涵。马克思伦理思想是从"现实的人"出发，揭示道德的起源与本质，指出道德的最终旨归是人的自由而全面的发展。立足于人的价值关系和价值存在是马克思伦理思想的逻辑起点，历史唯物主义是马克思研究道德问题的根本方法。在此基础上，马克思科学地解释了人类道德的相关问题。本书运用历史分析与逻辑分析的方法，在回溯马克思伦理思想发

展历程的基础之上,阐释了马克思伦理思想的特质及其在当代社会中的现实意义。马克思伦理思想立足于人的价值关系和价值存在,以唯物史观作为其科学方法,将人的发展、完善与价值实现作为伦理思考的最高对象,体现了其独有的理论气质。马克思将道德所指涉的对象从单个的人、作为类存在的人拓展到自然界和整个生态系统,实现了对传统人类中心主义伦理道德观的超越。马克思对伦理道德思考的宏阔背景和理论视角,为我们解读道德责任的相关范畴提供了重要的理论资源,也为当前我国社会主义道德建设提供了有力的理论支撑。

在马克思伦理观观照之下,对"什么是道德责任"、"谁担负道德责任"、"为什么担负道德责任"以及"道德责任发展形态"等问题进行了探讨,这是本书的重点之一。第一,考察了道德责任的内涵、特征以及与相关概念的区辨。所谓道德责任,乃社会个体基于对自身作为关系性存在和所占有的社会角色的发展性认识,根据一定社会的道德价值体系,自觉践履各种道德要求的道德行为能力以及对自己的行为后果的善、恶的承担。第二,从历史唯物主义的视角出发,论述了处于一定社会关系中的"现实的人"且具有道德能力的人才能作为道德责任的主体。第三,论证了人作为关系性存在的本质是道德责任的根本依据,而人的意志自由和道德能力是道德责任生成和履行的主观条件。进而分析了人之存在方式的演变和与之相对应的责任形态,即传统社会中人作为整体性存在的整体化责任、近现代社会中人作为单子式存在的自我化责任和当代社会中人作为共生性存在的"他者"责任。

2. 新时代大学生道德责任内容以及道德责任能力的生成与内在结构

论述了当代大学生道德责任教育的应然层面,即对当代大学生道德责任内容进行界定,同时分析大学生道德责任能力的内在结构以及生成机制。从大学生作为共生性个体以及具有理想性和可塑造性的角色特征出发，界定了大学生的道德责任就是其生活实践中对"他者"和"自我"负责，它具有主体间性的特征。"他者"是与"自我"交往关系中的他人、民族、国家、人类等，也包括地球上的一切自然生命形式和非生命存在形式。这是本书的创新点之二。道德责任能力作为个体道德责任践行的必要条件，也成为道德责任教育不可忽视的重要组成部分。因此，笔者借鉴了道德认知发展理论对道德能力的四要素划分，来界定了大学生道德责任能力的四要素，并进而分析了各要素之间的相互作用，旨在厘清大学生道德责任能力生成的规律与机制。

在分析了当代大学生道德责任教育的重要性与必要性的基础之上。通过问卷与访谈的形式，对当代大学生道德责任的现状进行调研。分析当代大学生道德责任知觉、道德责任判断、道德责任意志和道德责任行为。进而，对大学生道德责任现状的原因进行剖析。此外，还从宏观、中观和微观三个层面对当代大学道德责任教育的现实困境进行扫描。这是当代大学生道德责任教育的实然层面。

3. 马克思伦理视域下高校道德责任教育的未来超越

鉴于当代大学生道德责任教育实然层面与应然层面的差距，提出大学生道德责任教育应从理念、目的和内容上实现超越。这是本书的主旨所在。高校道德责任教育应以学生的全面发展为其根本理念，从培养"工具人"转变为培养"完整的人"，以崇高的道德理想引领大学生德性世界的自我构建。真正有效的道德责任教育，不是以培养学生循规蹈矩为目的，而应当以引导学生"理解负责"为目的。"理解负责"实质上包含了认知和能力两个维度，由此，本书提出了"价值观教育+能力教育"为主要内容的道德责任教育体系。前者主要包括了基于共生的"他者"意识教育和以尊重为核心的价值观教育；后者则包括了道德回应能力、道德选择能力和道德实践能力的培养。这是本书创新点之三。最后，提出了高校道德责任教育实践的具体措施和策略：通过发挥高校培养主阵地作用、家庭教育潜移默化作用以及积极引入社会资源到高校道德责任教育之中,以期汇集三方面合力,实现当代大学生道德责任教育的创新和超越。

第一章

马克思伦理思想特质及其中国化论域

一、马克思伦理思想之特质
二、现代性审视：马克思伦理思想的现实意义马克思伦理思想在中国的研究方兴未艾，究其原因是因为马克思伦理思想是中国特色社会主义政治文明和道德文化建设的重要思想资源。"马克思伦理思想在伦理思想史上具有重要的转折意义，分析和理解这种转折意义应从马克思创立历史唯物主义的目标指向和历史唯物主义的本质意义上来进行，也就是说，必须将人的完善、社会的发展、历史的进步这三者统一起来，这是马克思伦理思想所展示的宏阔背景或根本内涵。"① 从这个意义来说，能否正确认识马克思伦理思想特质及其实践意义，直接关系到对马克思主义当代价值的正确判断与否。笔者力图在马克思伦理思想观照之下对道德责任的相关范畴做出考察，因而有必要对马克思伦理思想之特质及其现实意义进行解读。

一、马克思伦理思想之特质

1. 人的价值存在与价值关系：马克思伦理思想的立足点

马克思早年的伦理主题是在市民社会批判基础上以人类解放为目标的政治自由论。在扬弃近代启蒙伦理思想和黑格尔伦理思想的基础上，马克思不断从现实生活中获得启示，逐渐明确了自己的伦理思想视域、道德实践方式和价值批判立场。马克思的早期伦理思想不仅是马克思伦理思想整体的重要组成部分，更是深入马克思伦理思想堂奥的入口和准确把握马克思伦理思想特质的逻辑思路的起点。在《黑格尔法哲学批判》中，以"民贵君轻"的基本政治价值观念为核心，马克思深刻阐述了爱民为民而非治民的行政伦理观和主体自由平等的立法伦理观。马克

---

① 曹孟勤：《再生产整个自然界——马克思生产伦理思想研究》，载《马克思主义与现实》，2013年第2期。

思早期的伦理思想未曾摆脱康德哲学传统，但在继承康德伦理观的基础上实现了伦理观的超越。"从历史动源来看，马克思超越了康德将人性的改进和道德的进步作为人类历史发展源泉的观点，将人类历史沿革的最终动源凸显为利益关系；从道德原则来看，马克思将康德先验的、以人为目的的普遍理性主义道德原则发展到经验层面；从道德目标来看，康德寄希望于彼岸世界的道德共同体，马克思将其拉回到人类历史的此岸世界。"[1] 他关于德谟克里特的自然哲学与伊壁鸠鲁的自然哲学的差别的论述，表明了其对人的主体性的高扬；他对原子偏斜运动的论述，表明了其对自由的诉求；他对原子排斥运动的论述，表明了其对平等的关注。这些思想与近代契约论有许多相通之处，但是它并不是对近代契约论的翻版，它关于人的思想、关于自由与平等的观念的理解与近代契约论有着显著的区别，而这正是其对近代契约论的超越之处。在马克思完成历史唯物主义哲学变革的过程中，马克思著述的政治伦理主题是以阶级解放为要旨的政治革命论。无产阶级解放是经由政治革命实现自身和人类在生产力发展基础上的真正解放。马克思在经济学研究中，在历史意义上提出扬弃资本所有权，阐明了他的以劳动解放为核心的政治正义论。

马克思的实践哲学是在对亚里士多德实践哲学批判继承的基础上进行的理论重建，其特点是将政治抱负和伦理理想二者有机地统一起来，即在政治革命中实现其社会理想，在追求社会理想中指引现实的社会革命[2]。马克思把传统伦理学对个体的道德关注转向了对阶级和制度的社会革命的道德关注，把伦理的主体和客体从个人转变为阶级和社会制度。马克思伦理思想的总体性质是"制度伦理"。任何制度都要以一定的价值认识、价值判断和价值取舍为前提，都要以一定的伦理精神为底

---

[1] 辛慧丽：《马克思伦理思想与康德道德观之比较——在历史动源、道德原则、道德目标三个层面》，载《理论探讨》，2009年第1期。

[2] Donald C. Hodges, *Marxist Ethics and Ethical Theory*, Socialist Register, 1964.

蕴，这也就是马克思所说的"人以实践精神把握世界的方式"。马克思对资本主义制度的批判映现着马克思所追求的伦理思想，即对人的自由的自我创造予以充分的制度保障的伦理思想；马克思对资本主义的生产批判映现着马克思所憧憬的生产伦理，即使人的自由的自我创造获得现实的实践方式的伦理；马克思对资本主义人际关系的批判映现着马克思所倡导的人际关系伦理，即体现人的自由而全面的关系的伦理。但不论马克思伦理思想如何解读，都不能脱离马克思唯物史观的语境，否则，都将陷入绝境。在马克思看来，实践哲学必须从"人"出发，研究社会这一作为人必须与之交往的虚拟主体与人的关系，对它们加以道德评价，因为人是社会关系的产物，社会制约人、决定人[①]。马克思的伦理思想是其人的需要理论和人的本质学说，其主要内容揭示了政治抱负和伦理理想的社会历史性、阶级性与全民性以及客观统一性。

综上所述，马克思的伦理思想是其思想体系的重要组成部分，面向现实、回到"生活世界"是马克思伦理思想的出发点；在社会发展的洪流中来探寻伦理道德发展演变的规律及其功能限度，是马克思思考伦理道德问题的广阔视域；在立足于无产阶级利益的立场上，关注全人类的解放和个人的全面发展，是马克思伦理思想坚定不移的价值立场。

2. 人类中心主义的超越：马克思的生态伦理关怀

随着生态文明建设步伐的加速，"人与自然"的和谐相处已成为生态建设的核心内容。生态文明建设重视人与自然的伦理关系，体现了新的价值转向，促使人们伦理道德观念的深刻转变。马克思从哲学和政治经济学两个层面对"人与自然"之间关系的剖析，形成了马克思主义的生态思想，也是马克思主义"资本主义论"不可或缺的内容。在马克思

[①] 操菊华、田辉玉、吴秋凤：《关注人的发展：马克思科技伦理思想及当代中国现实考察》，载《中南民族大学学报（人文社会科学版）》，2013年第1期。

唯物论历史观的视野中，"人与自然"当前的恶化状况之根源在于全球化经济——政治制度约束之下人的异化；"人与自然"关系的和解有待于社会制度的未来变革。马克思生态伦理思想与他关于共产主义探索具有内在联系，在他看来，共产主义不仅能改变原来在私有财产条件下人与人、人与社会的关系，而且能改变"人与自然"的关系。马克思生态伦理思想昭示了人的自由自觉的生存理想，从而显明了"人与自然"的本真关系和人对自然的应然的实践态度。自然主义的生态道德情感、人道主义的生态道德原则和共产主义的生态道德信念是马克思生态伦理思想的核心内容，这是马克思生态伦理思想的本质。

伴随着工业文明的发展，人类以科技为动力，争先追求物质利益最大化，甚至不计伦理道德而牺牲他人及后代人的利益，生态环境正处于濒临崩溃和毁灭的边缘。早在马克思生活的时代，环境问题已经逐渐暴露出来，虽然马克思没有明确环境伦理的概念，也没有专门的论著，但通过对马克思的著作文本进行系统的解读，能够清晰地看到其中所蕴藏着的关于生态伦理方面丰富而深刻的思想[1]。在马克思看来，人不仅具有自然属性而且具有社会属性，是自然属性与社会属性的辩证统一，基于此，马克思生态伦理思想实现了对传统生态思想的超越。在人类中心主义和非人类中心主义对"人与自然"关系所做的道德谋划失败以后，马克思提出"劳动是人与自然之间的物质变换"的思想，这就是马克思的"物质变换理论"。"物质变换理论"既为重新确认生态伦理学存在的合法性提供了正当理由，也为生态伦理以善恶为核心向道德权利以义务为核心的转向奠定了基础。从马克思的物质变换思想出发，生态伦理何以为善的根据不再是人的利益，也不再是自然本身的权利和内在价值，而是人与自然之间的物质变换，正是这种物质变换决定了人类拥有向自然界提取自己所需物质资料以养育自身的道德权利，也规定了人类必须

---

[1] 韩欲立：《物质变换断裂与协同进化：马克思生态伦理思想的生态经济学基础》，载《湖南师范大学社会科学学报》，2013年第1期。

承担反馈自身的能量以养育自然环境的道德义务①。这也使得马克思生态伦理思想成为马克思主义自然观的重要内容之一，马克思的生态伦理思想将人与自然之间的伦理放到社会历史和生产关系中考察，超越了纯粹的人类中心主义和生态中心主义的藩篱。

通常认为，古希腊朴素自然观、近代的机械自然观以及德国古典哲学自然观是建构马克思生态伦理思想的重要理论来源。而马克思生态伦理思想的价值指向，则来自对资本主义生产方式的生态破坏性和对资本主义制度的批判，以及对共产主义社会理想的展望。人与自然的关系是人类对象化活动和自我确证的主客维度，是科学探索和哲学思考的核心命题。马克思认为生态危机是这一维度动态失衡的显现，生态伦理则是对治理生态危机的道德调节和行为规制。传统生态伦理观对生态危机缘起的认知缺乏整体视域，过于强调"人类本位"或"自然本位"，从而难以超越其内在的逻辑困境。马克思生态伦理思想蕴含的生态伦理思想主要表现为：自然的先在性以及人与自然的不可分割性确证了自然界永续存在的权利和价值；自然规律为人类的实践活动的生态伦理立法；"两个和解"为生态环境问题的最终解决指明了方向。马克思的"物质变换理论"发现了资本主义条件下工业生产必然采取的剥夺自然和人的不道德形式，对此，马克思提出必须以"协同进化"来解决"剥夺自然和人的不道德形式"的问题，所谓"协同进化"，则是马克思发出的彻底废除资本主义制度的怒号②。"协同进化"的生态伦理思想表明，在处理人与自然的关系中任何片面强调"斗争"与"合作"的环境伦理话语都缺乏辩证的方法论基础和恰当的经济学考量。在马克思那里，生态伦理的建构和实现从属于更加广大的政治规划，而在这个政治规划中，生

---

① Richard T. de George, "The foundations of Marxist-Leninist ethics", in *Philosophy in the Soviet Union*, 1967.
② 杜素娟：《从个人德性到制度伦理——论马克思伦理思想对于现代伦理建设方案的深层影响》，载《学海》，2012年第6期。

态伦理作为"人与自然"平等的伦理关系，可持续发展作为代际平等的伦理关系，社会主义作为人与人平等的伦理关系取得了一致的哲学基础，并在生态经济学的基础上获得了统一。马克思的"物质变换理论"把"生产"和"交往"共同作为"协同进化"的子范畴，在现实性上厘清了生态伦理（生态危机）的逻辑主体、重估了人类对象化和自我确证的辩证维度，旨在把生态危机的治理实践统一于"主体—客体—主体"的框架模式，并通过主权国家之间的平等对话与交流合作，为治理全球生态危机提供必要的理论借镜，为当代生态伦理的育成提供一种全新的哲学范式①。

3. 理论的超越与实践的回归：马克思的科技伦理思想

科学技术在推动社会发展的同时，也带来了许多严重的社会问题和全球问题，其中就包括技术进步的失灵等问题，迫使人们重新提出事实判断与道德判断是否通约的休谟伦理难题。在马克思生活的那个年代，马克思即预见了这种情况的出现。由于批判性是马克思哲学思想的基本精神，因此，对现代性的批判就成了马克思伦理思想的重要特质之一，这源于马克思伦理思想的实践性；马克思对"现代性的命运"的探讨经历了不同时期，通过考察资本主义经济关系揭示现实社会生产关系，并从伦理学意义上对现代性进行了深刻批判。首先，马克思对资本主义社会的科技技术的道德批判，是历史唯物主义、马克思主义理论体系形成的触发点和"入口处"②。其次，马克思对现代性"科学技术"在资本主义条件下的异化的揭露，总是从异化的表象走向社会经济的深层，从中找出导致异化的深刻根源，从而致力于对资本主义的经济基础和社会制度的批判。通过揭示资本主义生产方式的内在矛盾和必然灭亡，马克

---

① John Somerville, "Marxist Ethics, Determinism and Freedom", in *Philosophy and Phenomenological Research*, Vol. 28, No. 1, 1967.

② 李培超：《论马克思伦理思想的整体性》，载《哲学研究》，2012年第5期。

思科学地诊断出现代性"科学技术"的本质。在此基础上，马克思主义对科学技术与伦理价值的关系做了辩证的分析，既充分肯定了科学技术在社会发展中的伟大作用，又以系统的技术整体论超越了技术决定论，强调科学技术的作用是在生产力的系统结构中实现的。在分析科学技术的负面效应时，深刻揭示了科学技术在资本主义制度下的价值偏向，以制度批判超越了对科学技术的批判。

马克思主义把科学技术与伦理价值置于人类社会历史背景之中，在人类实践基础上融通了两者的关系。马克思主义认为随着科技的发展和劳动生产率的提高，人们的劳动条件得到改善，工作时间逐渐缩短。节约劳动时间等于增加自由时间，即增加使个人得到充分发展的时间，而个人的充分发展又作为最大的生产力反作用于劳动生产力。科技成果将部分地把人们从繁重而紧张的劳动束缚中解放出来，科技不再是奴役人的手段，而是解放人的手段，只有在共产主义社会制度下，个人的自由发展才是一切人自由发展的前提，个人自由地实现着自己的价值追求。马克思非常重视工业革命时代科学技术的发展，在他看来，科学技术是一种生产力，对生产发展和社会变革起着巨大的双重作用。[1] 马克思的科技伦理思想始终着眼于人的发展。马克思认为，科技是一种特殊的实践活动，是人本质力量的对象化；科技是生产力，实质上与道德一致；科技在资本主义制度下成为异化的力量。

马克思科技伦理蕴含着人的内在力量和内在需求，人的力量和需求的维度与社会制度密切相关，在马克思看来，对科技伦理的任何解读如果脱离了社会制度框架就难免会披上抽象的形上外衣。马克思对全人类的深切关爱表现在科技伦理的实践和理论两方面。马克思放弃了抽象的人道主义原则，展开对旧世界的道德批判，主张贵在改造世界，对经验事实进行辩证思考，而且确立了一种全新的道德理念，谋求出其伦理理

---

[1] 陈潭、李妲：《马克思政治伦理思想探析——重读〈法兰西内战〉》，载《求索》，2011年第10期。

想的实现途径。① 因此，在马克思看来，只有从根本上变革资本主义生产关系和建设自由人联合体的共产主义社会，才能改变技术为少数人谋利益的特性，才能趋利避害、正确全面运用技术，才能实现技术与社会的良性发展。② 从伦理学的向度看，这一理论揭示了资本主义社会发达有机体的必然灭亡，科学预测了和谐社会的社会有机体的历史趋势。从这个层面来说，马克思科技伦理思想具有整体性、有机性和开放性的原则，其规范性表现为社会有机体论的实践性、统一性和矛盾性。

二、现代性审视：马克思伦理思想的现实意义

马克思伦理思想在中国的传播和发展，使中国人民的伦理思想产生了质的飞跃，也使中国社会的道德生活发生了天翻地覆的巨大变化，从此，社会主义伦理体系、人民成为伦理主体和核心的观念、世界性与民族性相结合的开放视野、与时俱进推动新道德不断进步的价值观念，成为中国伦理思想的发展大趋势，引领着中国道德观念变革的潮流，为中国的改革开放与社会主义现代化建设的顺利进行提供了伦理文化的支撑和道义的支持。中国马克思伦理思想主张使马克思伦理思想与中国革命和建设的具体道德实践相结合，主张使马克思伦理思想与中国传统道德文化的优秀因素相结合，这种使马克思伦理思想中国化和使中国伦理文化马克思主义化的双重效应构成了中国马克思伦理思想最为本质的特征。马克思伦理思想的中国化作为一种主流意识形态，是我们正确处理和协调人与自然以及人与社会关系的科学的世界观和方法论，承担着中国社会主义现代化道路的选择及其伦理价值观的建构。从革命意识主导

---

① 辛慧丽：《马克思伦理思想的现实性：理论的超越与实践的回归》，载《理论探讨》，2011年第3期。

② Paul Blackledge, "Freedom, Desire and Revolution: Alasdair Macintyre's Early Marxist Ethics", in *History of Political Thought*, Vol. 26, No. 4, 2005.

下的阶级伦理到经济建设过程中的公共利益伦理价值导向，再到社会主义核心价值观和劳动本位价值的确立，都显示出马克思伦理思想中国化过程中的伦理建设日趋合理化和时代化，也体现出马克思理论思想中国化的伦理建构从政治强化到实践应用的转变。

从马克思伦理思想的理论进路不难看出，马克思的伦理思想具有独特的方法、视野和气度。① 马克思恩格斯以其所创立的历史唯物主义的科学方法，将"主体人的价值存在与价值关系"作为历史的起点，把人的价值实现和个人的全面发展作为伦理思考的终极目标，这也同时决定了马克思和恩格斯思考伦理道德问题的逻辑起点和归宿。②

第一，马克思从社会物质生活的角度对道德的渊源、本质、特征、价值进行了科学的论述。早在《德意志意识形态》中，马克思、恩格斯就指出："思想、观念、意识的生产最初是直接与人们的物质活动，与人们的物质交往，与现实生活的语言交织在一起的，人们的想象、思维、精神交往在这里还是人们物质活动的直接产物……"③ 这为我们阐明了道德产生的渊源与本质，将人们对伦理道德的认知从脱离人生的空中楼阁拉回到尘世生活之中。这也就是说，道德是伴随着人们的物质生产和实践交往活动而产生的，它与人们的现实生活有着紧密的联系。这是因为，人们在从事物质生产和实践交往活动时，必然会结成一定的社会关系，并由此产生个人与集体、个人与社会、个人与个人之间在利益上的矛盾和冲突，而道德的产生就是为了解决和调节这种社会关系。

在马克思伦理思想产生之前，黑格尔等伦理学家们对道德的物质性、客观性进行了否认，他们将道德看成人类的内心活动或者主观意

---

① 李培超：《〈反杜林论〉的伦理思想探析》，载《吉首大学学报（社会科学版）》，2010年第11期，第2页。
② 李培超：《〈反杜林论〉的伦理思想探析》，载《吉首大学学报（社会科学版）》，2010年第11期，第2页。
③ 《马克思恩格斯全集》（第3卷），人民出版社1965年版，第29页。

志，将道德的起源看成神的意志及人的内心，从而片面地、抽象地理解道德的本质，使其物质基础特性歪曲了，从而导致道德发展的历史必然性被否认了。可见，在马克思伦理道德观产生之前的伦理学家们对社会物质特性和道德进行孤立的对待，而忽视了两者之间的联系，将道德抛弃在社会生活之外，而站在人的本能、生理特性及感性需求等方面去感悟和认识道德的本质，在阐释道德本质的过程中而导致了道德历史性和社会性的缺失，最终陷入了唯心主义。

事实上，道德的根源既不是超现实的神的意旨或抽象的人类本性，也不是某些人根据主观意愿制定的，而是从一定的社会经济关系中引申出来的。换言之，道德根源于一定的社会物质生活条件。① 由此可见，面向生活现实、回到人的生活世界，将人视为关系性的存在，是马克思伦理思想的立足点和出发点。马克思伦理思想不是从先验的人性假设或某种抽象的道德范畴入手，而是从人的生活切实相关的现实需要、社会关系和实践交往出发来对道德的起源、发展和嬗变规律进行考察，这是马克思伦理思想的理论特质之一。这一特质不仅展示了马克思在伦理思考上的独特气度，更为我们探讨伦理学范畴内的相关理论问题，如道德责任问题提供了科学的视角和丰富的理论资源。从作为"关系性存在的人"、"现实的人"、"真正的人"以及"全面发展的人"出发来思考道德责任问题，是马克思伦理思想为我们提供的独特视角。

第二，站在历史的洪流与社会的发展中来探询伦理道德发展演变的规律性及其功能限度，充分体现出马克思思考伦理道德问题的广阔视野。他超越了同时代的许多伦理思想家从个体道德或个体心理的视域来阐发道德问题的偏向，克服了道德形式主义的误区，使他的伦理思想超越了解释现实、屈从现实的局限性，成为现实批判和改造世界的强大精神武器。自从马克思历史唯物主义产生之后，为道德理论及现象的发展

---

① 李培超：《〈反杜林论〉的伦理思想探析》，载《吉首大学学报（社会科学版）》，2010年第11期，第5页。

提供了强大的理论基础和科学的研究方法，马克思伦理思想正是站在唯物史观和辩证唯物主义的基础上科学地阐释了道德的本质及未来发展规律。马克思指出，在社会生活和生产中所产生的任何必然的、非偶然的、一定的、不为他人一直所转移的社会关系，即跟人们所处的物质生产力水平相适应的社会生产关系，此生产关系所构成的整个社会经济结构为政治和法律、社会意识形态等所构筑的上层建筑提供强有力的物质基础。因此，在阶级社会，物质生产方式对社会的精神生活、政治生活、社会生活起着决定性和制约性的作用。所以，在马克思伦理思想之中，其也指出道德作为社会意识形态的一个非常重要的部分，是意识形态中的一种，但道德并不是孤立地存在着，其跟所在的社会经济基础和社会存在一起存在，并为现实社会中的经济基础服务。总之，在马克思看来，任何具有意识特性的东西都是由社会物质生活基础所决定，道德也不例外，也是由社会物质生活条件所决定。

第三，马克思伦理思想坚定不移的价值立场是致力于人的自由而全面发展，即"真正人的道德"。对于这个问题恩格斯在《英国工人阶级状况》中谈道："我确信，你们是认识到自己的利益和全人类的利益相一致的人，是伟大的人类大家庭的成员。对你们作为这样的人，作为这个'统一而不可分的'人类家庭的成员，作为真正符合人这个词的含义的人，我以及大陆上其他许多人祝贺你们在各方面的进步，并希望你们很快获得成功。"[①]而这样的人所组成的社会即为共产主义社会，马克思和恩格斯将共产主义社会中的人称为"真正的人"。处于共产主义社会中的人既是整体意义上的人，也是社会中的个体，而个体跟整体在利益上趋同，即每个人都以"人"之整体利益而奋斗。从这方面来理解，那么"真正人的道德"就是共产主义道德，"共产主义是对私有财产即人的自我异化的积极的扬弃，因而是通过人并且为了人而对人的本质的真

---

① 《马克思恩格斯文集》（第1卷），人民出版社2009年版，第384页。

正占有，因此，它是人向自身，也就是向社会的即合乎人性的人的复归，这种复归是完全的复归，是自觉实现并在以往发展的全部财富的范围内实现的复归。这种共产主义，作为完成了的自然主义，等于人道主义，而作为完成了的人道主义，等于自然主义，它是人和自然界之间、人和人之间的矛盾的真正解决，是存在和本质、对象化和自我确证、自由和必然、个体和类之间的斗争的真正解决"①。其特征就是社会中的所有公民或者成员都具有平等的地位，包括政治上的地位和社会上的地位。

而在"真正人的道德"的发展过程中，其最终的目的就是人的自由全面发展，在1848年发表的《共产党宣言》中，马克思对资本主义社会道德现象进行了批判，指出资本主义道德正在走倒退道路。"资产阶级在它已经取得了统治的地方把一切封建的、宗法的和田园诗般的关系都破坏了。它无情地斩断了把人们束缚于天然尊长的形形色色的封建羁绊，它使人和人之间除了赤裸裸的利害关系，除了冷酷无情的'现金交易'，就再也没有任何别的联系了。"② 在《共产党宣言》中马克思指出资本主义必然灭亡，社会主义必然胜利，而"代替那存在着阶级和阶级对立的资产阶级旧社会的，将是这样一个联合体，在那里，每个人的自由发展是一切人的自由发展的条件"③。可见，共产主义社会的本质内核是每一个人自由而全面的发展。使每个人的实现自由而全面的发展则是马克思伦理道德观的终极价值所在。

马克思伦理思想在当代中国，仍然具有强大的生命力。马克思对伦理道德思考的宏阔背景和理论视角，为我们理解道德责任理论的相关范畴提供了重要的逻辑支撑，马克思生态伦理思想集中体现在人与自然的和谐共处的理念上，为我们理解"人与自然"的关系及人对自然的道德

---

① 《马克思恩格斯文集》（第1卷），人民出版社2009年版，第185页。
② 《马克思恩格斯文集》（第2卷），人民出版社2009年版，第33—34页。
③ 《马克思恩格斯文集》（第2卷），人民出版社2009年版，第53页。

责任问题提供了强大的理论基础，马克思生态伦理思想要求我们必须以科学的发展观来处理"人与自然"的关系。科学发展观所蕴含的可持续发展思想肯定了经济社会的发展是第一位的，强调了有中国特色的社会主义现代化建设和小康社会的建设必须得到良性循环和可持续的发展来支撑。这种支撑是以保护环境和不对环境进行破坏为平台的一种新型发展模式，这种新型发展模式既能协调经济、社会和环境之间的关系，进而实现可持续发展思想与生态文明建设的互动；同时又将可持续发展的思想落实到了生态建设之中，这样就形成了一种有中国特色的新的生态伦理思想，是对马克思生态伦理思想的一个适应性创新。同时，马克思科技伦理思想以剖析科学技术的消极社会功能为立足点阐发了科技伦理思想，提出了"科学技术合理性"这一科技伦理的核心问题。马克思科技伦理思想有着明显的伦理价值取向，对于我们当前应当如何对待科技及其应用问题、科技同伦理的关系问题等提供了重要的思想资源。以马克思科技伦理思想为指导，来理解和思考当前责任伦理学所提出的人类持续生存与发展的问题，对解决中国科技发展所面临的生态问题和建设生态文明具有借鉴意义。马克思的这些生态伦理思想启示我们建设生态文明必须做到三点：确立促进人与自然和谐共进的生存方式；明确现代人的生态环境责任；树立科学的生产方式和消费方式。

第二章

马克思伦理观视域下道德责任之意蕴

一、道德责任之界定
二、道德责任之要素
三、道德责任之生成
四、人的存在方式与道德责任的形态

道德责任既是伦理学中的一个重要范畴，也是当前社会主义道德建设的重要内容，更是人们在实践劳动和日常生活中的一个现实而紧要的问题。历史上众多的思想家从哲学、伦理学、心理学以及社会学的角度对"什么是道德责任"、"谁应当担负道德责任"、"道德责任的依据"以及"道德责任的发展形态"等问题进行了论述与探究。如宗教伦理学用神明或上帝的意志来解释道德责任；主观唯心主义者则将责任视为人生而有之的某种天性；庸俗进化论者，用生物进化来比附人的责任；旧唯物主义则从外在于人的自然界来解释责任的生成；而德国古典哲学家康德被视为责任伦理学的集大成者，他首创了义务伦理学的框架，认为责任就是对绝对理性和客观规律的服从。尽管这些思想为我们研究道德责任提供了理论依据和不同的视角，但无可否认的是，他们的思想都存在无法忽视的缺陷，因为这些思想无一不是以唯心主义先验论或机械唯物主义为指导，在世界观和方法论上的局限，决定了他们对道德责任的探讨只能是在脱离人的现实生活的彼岸世界。马克思以其创立的历史唯物主义为我们提供了科学的世界观和方法论，立足于人的价值关系与价值存在，将道德问题的探讨从彼岸世界拉回到了现实生活中的此岸世界，这为道德责任相关范畴的探讨提供了科学的参考系。

一、道德责任之界定

　　对于"责任"，西方从古希腊的思想家柏拉图、亚里士多德、苏格拉底，到近代的哲学家康德、黑格尔、萨特、杜威、科尔伯格等，中国从古代的孔子、孟子到近现代许多思想家等都有相关论述。在日常生活中，"责任"亦是人们耳熟能详的词，人们时刻都好似与责任打着交道。无论是学者抑或是寻常百姓，大家都从不同的角度去理解责任，从不同的意义上述说着责任。因而,对"责任"做出一个具有一定"公度性"或普适性的定义便显得尤为重要。我们的考察将从两个相互关联的层面展开:(1)关于责任的内涵的理解;(2)伦理学视角的责任即道德责任的内涵。

1. 责任

在当代社会中"责任"一词被广泛运用于伦理学、政治学、社会学及日常用语之中,且具有不同的意义。

从词源学角度来看,现代汉语的"责任"由古代汉语的"责"发展而来。古汉语里的"责"有索取、谴责、责罚、督促、负责、债等含义。在传统中国语境中,责任的原初意蕴有两层:一是指臣民对群主、帝王对"天"的尽忠;二是指个人对自身行为后果或过失担责。依据《汉语大词典》对"责任"的解释,在现代汉语中"责任"表达了三层含义:一是分内之事;二是因没做好分内事而担责;三是使人担当某种职责。

在英文中,"responsibility""obligation""duty"等词都具有责任、任务之意,但依据相关的学术文献,通常将"responsibility"作为责任的对应词。根据《韦氏词典》,"responsibility"的含义有:①the quality or state of being responsible。A:moral,legal,or mental accountability。B:reliability,trustworthiness。(第一,责任是一种尽责的品质与状态。A. 道德上、法律上、心理上的责任;B. 可靠的、可信赖的)②something for which one is responsible:burden。(第二,对某事负有责任)

通过对"责任"的词源分析,我们总结出责任概念的一些基本属性。

第一,责任概念具有社会性。从本质上来说,责任是一个社会概念,它总是基于调节人与人、人与社会及人与自然的关系而产生的。人一经出生,便与这个世界产生了联系,并获得自己的角色,责任从某种意义上就是一定的社会结构对个人的角色期望。这种期望可以是有形的法律条文或明文规定,也可以是无形的社会舆论、习俗伦理等。

第二,责任概念具有历史性。最初的"责任"一词并不具备伦理道德的意义。在18世纪的西方社会,"责任"通常作为法律概念出现。然而在现代社会,"责任"已经被拓展成为蕴含着深刻伦理意义的概念。在传统的德性伦理学中,无论中西方都没有"责任"(responsibility)这一范畴。尽管近代以来,如洛克对权利的重视、边沁等功利主义者对效果的强调,康德义务论对动机的突出,都蕴含着责任的意识,但"责任"仍未被伦理学家们重视。直到马克斯·韦伯晚年在对"信念伦理"和"责任伦理"的区分,才开始强调在行动的领域里责任伦理先于信念伦理。现在"责任"成为当代西方应用伦理学的核心范畴之一。事实上,责任概念本身就有一个历史发展的过程。它是一个动态的概念,不同时代的人们都在认识、体验和践行这一价值。因此,对责任的理解只能也必须从社会与历史中去寻找,这正是历史唯物主义的基本方法。这就要求我们,不仅仅从实践维度对责任问题进行考察,更要从社会发展的变迁中探寻责任思想的变迁。

综上所述,笔者对责任内涵的理解是从人作为关系性存在的本质入手,即个体的角色为逻辑起点。我们认为责任是主体自觉履行其社会角色所要求的分内事,并对其履行后果的担当,同时,也包含为自身行为后果负责之意。

2. 道德责任

(1) 道德责任的概念界定

道德责任的研究贯穿了伦理学发展的历史。关于道德责任的内涵也出现了种种不同的理解。《世界伦理道德辞典》把道德责任界定为"人们对自己的行为的善恶所应承担的责任"。也就是说,道德责任是指道德主体在道义上对其选择的现实行为的善恶及价值所应承担的责任。《中国伦理学百科全书》把道德责任解释为："人们在一定的社会关系中所应该选择的道德行为和对社会和他人所承担的道德义务。"①《中国伦理学百科全书》指出："道德责任是从道德上意识到的对他人、对社会的道德义务、道德使命。道德责任本质上是对外在的道德义务的内心认同。道德责任是人们主动意识到的义务，具有良心的成分。道德义务与道德责任是同一种道德'命令'在人之外和在人之内的两种表现形式。"②《马克思主义哲学大辞典》指出："道德责任是指人们对自己行为的过失及其不良后果在道义上所承担的责任。"③马克思主义伦理学则认为，道德责任是现实的社会经济关系和活动的产物，它不是上帝意志或先天理性的体现，也不是人的纯粹精神的产物，而是由社会的物质生活条件以及人们在社会关系中所处的地位来决定的。正如马克思所说："如果使这个我脱离他的全部经验生活关系，脱离他的活动，脱离他的生存条件，脱离作为他的基础的世界，脱离他自己的肉体，那么他当然不会有其他职责和其他使命。"

笔者从马克思伦理观的视角出发，立足于人的价值存在于价值关系，将道德责任定义为，在一定社会历史条件下，个体对自身作为关系性存在和其社会角色的道德要求、道德规范的体知、认同和自觉践行，同时，个体依据与道德要求和规范相应的道德价值体系，对自身行为进行善、恶评价和后果的担当。

（2）道德责任的特征

第一，道德责任具有主体性的特征。无论任何领域中的责任，都是一种主体的责任，是一种具体的责任，它们都必须以主体为其现实依据。如妄想某种无主体的责任，则必然陷入唯心主义。事实上，责任的

---

① 罗国杰主编：《中国伦理学百科全书》，吉林人民出版社1993年版，第341—342页。
② 罗国杰主编：《中国伦理学百科全书》，吉林人民出版社1993年版，第341—342页。
③ 金炳华主编：《马克思主义哲学大辞典》，上海辞书出版社2003年版，第665页。

主体性特征意味着责任是与人的主体性本质密切相连的。马克思曾指出："从前的一切唯物主义（包括费尔巴哈的唯物主义）的主要缺点是：对对象、现实、感性，只是从客体的或者直观的形式去理解，而不是把它们当作感性的人的活动，当作实践去理解，不是从主体方面去理解。因此，和唯物主义相反，唯心主义却把能动的方面抽象地发展了，当然，唯心主义是不知道现实的、感性的活动本身的。"[①] 而马克思强调要从人的实践本质中去解释人的主体性，从而从主体与客体、主观与客观、能动与被动中实现对人的主体性的全面而历史的把握。人的主体性意味着对主体自身的能力、品性及价值观念的一种评定，它是在主体践之于客体的相互作用中体现和发展出来的，通常表现为人的能动性、自觉性和创造性等特征。离开了人的本质属性，人就无法在实践中能动地作用于自然界，也无法建立起真正的社会联系，更无法"按照人的样子来组织世界"[②]。作为人的本质属性的主体性，无法离开人而独立存在。反之，也正是因为人具有主体性，具有能动性、自觉性和创造性，人才能获得生存和发展。

道德责任的主体性特征表现为以下几个方面：一是人要为自己的自主自愿的行为负责。正因为人是主体，具有自主、自觉及自决的主体性特征，人才必须履行和承担相应的责任。一个无法依据自身意志来决定和控制其行为的人，也就根本谈不上对其自身的行为承担责任。二是责任的生成依赖于责任主体的自知性。责任的主体性特征，还体现在责任的生成要建立在主体对社会道德规范、准则以及自身的行为后果具有最起码的认知的基础之上。三是责任的主体性对主体的活动起到控制和调节的作用。换言之，主体的责任的确立对主体的认知和实践活动中的目标设定与效果实现具有控制和调节的作用。从这个意义上来讲，责任是对主体活动中目标设定和行动方向正确与否的确定标准和评价指标。总

---

① 《马克思恩格斯全集》（第1卷），人民出版社2009年版，第499页。
② 《马克思恩格斯全集》（第42卷），人民出版社1979年版，第24页。

而言之，责任促使了主体以及主体性生成与发展，人的主体性或能动性又为责任的践行提供了必备的条件。一言以蔽之，就是一个人责任越大其主体性就越加凸显。

第二，道德责任具有他律性与自律性相统一的特征。所谓责任的他律性，意指个体对责任的履行和态度依赖于外在于他自身的道德规范和道德要求的强制与监督，体现出责任的被动性和约束性。而责任的自律性则是指责任主体对外在的道德规范和道德要求自觉自愿地认同，从而把对规则的被动的服从转化为主动的履行，把外部的要求转化为内在的自主行动。

道德责任他律性与自律性是相对立的。道德责任他律性强调社会规范对责任主体的约束与规范作用。而道德责任自律性则强调责任主体对自身义务和社会道德规范的自觉认同和履行。从这个意义上来说，道德责任他律性与自律性是相对立的。

不可否认的是，道德责任他律性与自律性又是相互依存和相互贯通的。从人的能动性与受动性方面来看，人无法孤立和抽象地生活在世界之中，他总是依赖于他的对象物而存在，亦即责任主体对责任客体具有依赖性。在现实社会中，每个独立的责任主体要得以生存、发展和延续，都不能离开自然、社会以及社会历史文化传统的巨大作用。从人的生存和发展的角度来看，作为主体的人必须承担起对他人、家庭、社会乃至整个人类及人类生存环境的责任。而这些对象都是责任主体依赖的对象，同时也是在客观上外在于主体自身的"他者"。正如马克思所说："人作为自然存在物，而且作为有生命的自然存在物，一方面具有自然力、生命力，是能动的自然存在物；这些力量作为天赋和才能、作为欲望存在于人身上；另一方面，人作为自然的、肉体的、感性的、对象性的存在物，和动植物一样，是受动的、受制约的和受限制的存在物，也就是说，他的欲望的对象是作为不依赖于他的对象而存在于他之外的；但这些对象是他的需要的对象；是表现和确证他的本质力量所不可缺少的、重要的对象。"① 从这个意义上来说，责任主体是需要"他者"作为责任客体的。正是在对"他者"负责的过程中，责任主体确证了自己的本质力量。

同时，道德责任自律性又是以他律性为前提的，道德责任他律性则必须通过自律性得以提升。责任的自律必须建立在对社会现有道德规范的认知基础之上，它不可能脱离于外在道德规范和客观要求的约束。责任自律并不是绝对意义上的随意作为和任意妄为。无论何时，责任主体的行为都被限制在社会道德规范所允许的范围内，一旦超出这个范围，责任主体就必须承担相应的后果，或遭受道德与舆论的谴责甚或是受到法律上的制裁。责任他律性实质上内蕴着责任主体对外在的责任规范的接受之意，同时，这种接受是责任主体对责任规范的反思与批判基础之上的接受，而并非盲目全盘默认，这种接受也是责任主体的能动性的体现。

由此可见，道德责任是他律性与自律性的对立统一，两者缺一不可。离开责任自律性，责任他律性便难以落实和提升；而离开责任他律性来谈责任自律性，则难免使责任主体陷于责任感缺乏的境地。

第三，道德责任具有实然性与应然性相统一的特征。自休谟提出"实然"与"应然"的概念之后，这两者逐渐成为哲学社会科学研究中的一对基本范畴。简而言之，实然就是"实际如何"，表达的是"是其所是"之意，应然则是"应当如何"，表达的是"是其应是"之意。所谓道德责任的实然性，表现的就是责任的实际状态，所提出的是对人们现实生活中的责任要求。道德责任的应然性，表达的是责任的理想状态，所提出的是人们理想生活的责任要求。尽管责任应然性与实然性具有相对的独立性，但二者之间也有着必然的联系。

马克思在《政治经济学批判》中曾指出："人双重地存在着，主观

---

① 《马克思恩格斯全集》（第42卷），人民出版社1979年版，第167—168页。

走向责任共同体
新时代大学生道德责任意识培育研究

上作为他自身而存在着,客观上又存在于自己生存的这些自然无机条件之中。"① 马克思所阐明的人的双重性存在,深刻地揭示出,人既是以一种实然状态存在着,同时又是以一种应然的方式存在着的。这是因为,作为一种对象性的存在,人无法脱离他的对象物而独立生存;而另一方面,人"是为自身而存在着的存在物"②。人可以依据自身需要,通过对象性活动,对各种规定的对象性关系实现突破和超越。换言之,作为对象性存在的人,既是实然的存在,又是应然的存在。人的本性的二重性决定了人的本质在于超越。责任实然性通常以应然性为其价值导向。责任应然性体现的就是人们对可能的生活的追求,是人类对理想生活的向往。事实上,人总是"是其所是"和"是其应是"的否定和统一,而正是在"是其所是"和"是其应是"的张力作用下,人们不断对既定的现实生活进行反思,并努力寻求构建一种更加美好、崇高的理想生活。这也正是责任应然性所具有的价值之所在。

道德责任应然性与实然性的统一蕴含着责任是无限与有限的统一,同时也是价值与事实的统一。责任作为人之为人的根本规定性,其意义就在于人对责任的追求和履行是一个永无止境的、无限的过程。但是,人又总是生存于某个特定社会历史时期的人,在责任的实践中,人始终受到一定社会发展阶段之中的经济、政治、文化以及主观认识能力等各种条件的制约。社会历史条件的制约,决定了责任主体必然是在某一具体的社会环境中进行选择和判断,同时也只能在这个条件下和范围内对自身的行为负责。在这个意义上,责任又是具体的、有限的和实然的。

综上所述,道德责任首先是人的责任,因为它与人的主体性的本质密切相连,由此责任才具有自律性和应然性。同时,受到客观存在的历史条件和现实条件的制约,道德责任也是有限的、他律性的和实然性的。

---

① 《马克思恩格斯全集》(第46卷上),人民出版社1979年版,第491页。
② 《马克思恩格斯全集》(第42卷),人民出版社1979年版,第169页。

3. 道德责任与相关概念的辨析

日常生活中，人们常常将责任和义务视为可完全等同的概念，而对道德责任与法律责任的区辨也不明确。对这些概念的随意混用，导致很多时候疏忽了它们之间的联系与差异。事实上，这两组概念，是既相互联系又有本质区别的，因而从概念上厘清这些词与道德责任的联系和区别，有助于我们更深入地把握道德责任的内涵。

（1）道德责任与道德义务

与责任相同，义务同样是构成伦理学的基本范畴之一。可以说，义务与责任两者都属于道德哲学中的核心范畴，也是较难对其进行逻辑区分的两个范畴。义务，它是"一种以向特定个人提出道德要求的形式反映在道德要求中的社会必要性。换句话说，这是把同等的归之于所有人的那个道德要求变为这个具体的人的、根据他此刻所处的状况和形势而提出的个人任务"[①]。马克思将义务理解为一定社会或阶级，基于一定社会生活条件，对个人确定的任务、活动方式及其必要性所做的某种有意识的表达。由此可见，义务总是带有某种外在性和强制性的，它更多反映的是外部社会对个人的道德规范和道德要求。而责任则是外在性与自觉性的统一，是他律与自律的统一。

首先，道德责任与道德义务在客观制约性上有所异同。一方面，道德责任与道德义务都包含了以特定社会道德准则为衡量标准，同时体现或维系社会道德准则之意。两者都具有外在性、客观性和社会制约性。另一方面，道德责任与道德义务在这种客观制约性上的性质则不尽相同。从本质上来看，道德义务是他律的，而道德责任则是在道德义务之上的自律精神的体现，即人们在履行义务、遵从他律道德规范或准则基

[①] 〔苏联〕伊·谢·康主编：《伦理学辞典》，王荫庭等译，甘肃人民出版社1983年版，第92页。

础上的自律。可以说，道德责任是在道德义务基础上的升华，道德责任在体现了道德的外在性、客观性和社会制约性的同时，更体现出自觉性和自律性。道德义务更多地表现为一种外在于人的道德要求，道德责任则是将这种外在的要求转化为内在的自我要求，体现的是人们对道德义务的主动认知和自觉践行。正像康德所说："责任的诫条越是严肃，内在尊严越是崇高，主观原则的作用也就越少。尽管我们起劲地反对它，但责任诫条规律的约束性并不因之减弱，也丝毫不影响它的效用。"[1] 可以说，道德责任是社会道德体系中处于最高层次的道德规范，它对人提出了"主体的意志自律性"的要求，是外在的道德要求和内心道德自愿的结合，是强制的道德约束与自觉的德性自律的统一。

其次，相较于道德义务，道德责任所涵盖的范围更为广阔。柯尔伯格指出，道德责任"是关于一个人是否对各种后果负有责任的判断"，义务是"关于一个人是否对他的行为负有责任的判断"。[2] 道德义务通常强调"完成分内之事"，从这层意思上来说，也可以说是履行道德义务等同于履行道德责任。但是，道德责任其本身还蕴含着"分内之事完成的程度""完成的结果、对错如何""对结果或对错怎样处理"之意，这层含义则是道德义务所不能等同的。换而言之，道德责任发生在人们履行道德义务的过程之中，但又能直接、简单地等同于道德义务；道德责任不仅仅有履行义务之意，它还涵盖了人对自身行为后果的承担以及对自身道德选择结果的担当。这也是道德责任与道德义务两者之间最为主要的区别所在。例如，我们通常认为对父母感恩是每个人的道德责任，这意味着每个人都应该并且能够被期望对父母感恩，同时，他还必须对未能向父母感恩的后果承担道义上的评价，道德义务则不具备这种道德评价和道义评判的含义。

---

[1] 夏伟东：《道德的历史与现实》，教育科学出版社2000年版，第60页。
[2] 〔美〕柯尔伯格：《道德教育的哲学》，魏贤超、柯森等译，浙江教育出版社2000年版，第46页。

(2) 道德责任与法律责任

道德责任与法律责任都蕴含了对人们行为和生活的规范与约束之意，两者间的关系比较接近，尤其是在注重法制的现代社会中，这两者间的密切关系更为凸显。从价值目标来看，道德责任与法律责任的初衷和终极指向都是协调社会的各种利益关系，保护每个个体的正当及合理的权益，保证个体谋取利益的目的与手段的合理性，同时使其免受伤害。从这个意义上来说，道德责任和法律责任都是人类为了满足自身生存、发展和完善的需要，用以调节和约束人与人之间的社会关系的自我规约。在实质上两者具有许多相同甚至是重合之处。尽管如此，我们也不能忽视道德责任与法律责任之间存在着的些许区别。

第一，在利益调节所涉及的范围上两者存在着差异。在现实的社会生活之中，人与人之间存在着多方面的、复杂的利益关系，而几乎所有的利益关系都能够被纳入道德调节的范畴之内。而法律责任所主要关注和调节的对象则仅限于社会生活中某些较为重大的利益关系。换而言之，在利益调节所关涉的范围上，道德责任要大于法律责任。也就是说，社会生活之中并不是所有的利益关系都需要运用法律来进行调节，也并非所有的利益事实都需要得到法律的确认，并以法律责任的形式被加以保护。法律规定无法也不可能穷尽一切利益规定，因此，只有在牵涉比较重大的利益关系时，才能以法律条文的形式确定为法律责任。简而言之，道德责任侧重"禁于未发"，强调在事前对人们的行为的约束，旨在从原则上杜绝和防止不道德的行为或事件的发生，如不准欺骗这关涉人的道德责任问题，但如果欺骗未因道德约束而"禁于未发"，欺骗事实一旦形成，则要承担相应的法律责任，受到法律的制裁。可见，法律只对那些已经发生并且后果极其严重的道德过错进行惩罚。

第二，两者在产生时间上的差异。从人类社会伊始，道德和道德责任就业已出现，可以说，人类社会已经出现，作为调节人与人之间关系的道德便已经存在。而法律以及法律责任则是当社会发展到一定阶段的产物，是伴随着人类社会的文明进程而产生、发展和不断完善的。从内容的相互关系上看，法律责任是以道德责任为基础的。正如米尔恩在描述道德与法律的关系时说："道德在逻辑上优先于法律。没有法律可以有道德，但没有道德就不会有法律。"[①] 道德责任与法律责任作为道德与法律的下位概念和子范畴，较之法律责任，道德责任在产生的实践上具有有限性，同时，法律责任的产生也必须是以道德责任作为基础。

第三，在确立方式上的差异。通常我们将法律视为"律法"，它是一种成文的规定，法律责任亦即成文法，法律责任必须经由相关的立法机关以某种立法程序和法律条文的形式加以确认，一经生效，法律或法律责任便受到国家、政府以及司法力量的保护，带有强制性和惩罚性。而道德责任不可能也不具备成为成文法，同时也不受国家、政府以及司法力量的保护。道德责任的履行和实施，更多依靠无形的社会舆论、社会期望以及个体的良心力量来加以保障，虽然它是无形、无量的，但人们又时时刻刻都能感受到它的存在，也无时无刻不受到它的规约和审视。

第四，在约束机制和维护手段上的差异。如前所述，法律责任总是受到国家、政府和相关司法力量的保护，对法律责任的维护有赖于国家机器作为后盾，是一种硬性的手段。通常来说，法律责任的性质一般是否定的，正所谓"明令禁止"或"严令禁止"通常用于法律责任之上，而"赏"法则很少运用于法律责任之上。可见，法律责任是刚性的、直接的和立竿见影的；而道德责任则要依靠人的内心信念和社会舆论机制来起作用，"良知的裁决也就是由社会本身做出的裁决"[②]。道德恶人的制裁是一种软性的、间接的和较温和的。同时，道德责任的实施除了惩

[①] 〔英〕米尔恩：《人的权利与人的多样性——人权哲学》，夏勇、张志铭译，中国大百科全书出版社1995年版，第35页。

[②] 〔法〕亨利·柏格森：《道德与宗教的两个来源》，王作虹等译，贵州人民出版社2000年版，第9页。

罚和谴责之外，奖赏鼓励、肯定认同和社会包容也是道德责任的一种独特且重要的维护力量，因此道德责任还有积极的一面。

第五，动机判定和结果追究方面的差异。在追究法律责任时，通常专注于客观事实和行为的后果本身。尽管，在法律量刑时会对蓄意过失或无心过失进行区分，但并不会因为犯罪动机或行为的社会背景和环境等而不治罪。但道德责任则需要考虑到这种内在动机和社会背景。有些人的行为，尽管没有触犯到法律，不需受到法律的制裁，但也可能会遭受道义上和社会舆论的谴责，甚或是自身良心的责备。事实上，在日常生活之中，法律责任与道德责任具有不同的发挥力量的方式，它们两者缺一不可。法律以道德作为基础，而道德同时又能够关涉到法律所无法涉及的范畴，两者是相互支持、无法割裂的。"法律规范的只是人的行为而不是思想。"[①] 从这个意义上来说，法律责任是最低限度的道德责任，是道德责任的底线。法律责任通过国家机器和司法部门等外在的强制力量来得以规范人们的行为，而道德责任其最终旨归则是通过引导人们的心灵向善，借由个体德性的力量，来自觉履行道德义务并维护社会的长治久安与和谐发展。

二、道德责任之要素

1. 现实的人：道德责任的主体

人们对主体概念的理解，是伴随着主体与客体的分化而深入的。广泛意义上的主体指的是普遍存在的事物、现象以及事物内部诸要素中具有能动作用的一方，客体则是受动的一方。而狭义的主体概念则以人的实践活动为尺度，实践活动中的发出者被视为主体，将其指向的接受者

[①] 何怀宏：《伦理学是什么》，北京大学出版社2002年版，第51页。

视为客体。通常我们对主体采用狭义的理解，人将自身作为主体与客体区分开来，标志着作为人的自我意识的萌生，意味着真正意义上人的诞生。从这个意义上来说，道德责任被视为人之为人的根本规定。

第一，作为道德责任主体的人始终是社会历史之中和实践生活之中的"现实的人"。马克思指出："以一定方式进行生产活动的一定的个人，发生一定的社会关系和政治关系。经验的观察在任何情况下都应当根据经验来揭示社会结构和政治结构同生产的联系，而不应当带有任何神秘和思辨的色彩。社会结构和国家经常是从一定个人的生活过程中产生的。但这里所说的个人不是他们自己或别人想象中的那种个人，而是现实中的个人，也就是说，这些个人是从事活动的，进行物质生产的，因而是在一定的物质的、不受他们任意支配的界限、前提和条件下能动地表象自己的。"[①] 可见道德责任的主体作为"现实的个人"，是处于一定的"社会关系"中的个人，而不是孤立存在的个体。同时，马克思还深刻地阐述："人的本质不是单个人所固有的抽象物，在其现实性上，它是一切社会关系的总和。"[②] 由此可见，"现实的人"总是处于一定社会关系之中，他不是抽象的、概念的人，而是具体的人。由于外部条件制约以及每个单独个体能力的有限性，个体与其他个体、个体与群体之间必须进行各式各样的合作才能满足自身生存和发展的需要。人们正是在这种合作中得以更好地生存和发展。同时，马克思也揭示了人与人之间的合作，是有目的和有意识的实践活动，"动物和自己的生命活动是直接同一的。动物不把自己同自己的生命活动区别开来。它就是自己的生命活动。人则使自己的生命活动本身变成自己意志的和自己意识的对象。他具有有意识的生命活动。这不是人与之直接融为一体的那种规定性。有意识的生命活动把人同动物的生命活动直接区别开来。正是由于

---

① 《马克思恩格斯全集》（第3卷），人民出版社1960年版，第28—29页。
② 《马克思恩格斯文集》（第1卷），人民出版社2009年版，第501页。

这一点，人才是类存在物"①。人是有意识的，这种意识使自己的生命活动变成自己的支配对象，成为生命活动的主宰者和自我发展、自我生成的主体。既然人可以决定自己的生存和发展，那他当然应该而且可以对自己的决定负责。道德责任根植于人的社会性的生存发展中，其存在是不以人的意志为转移的，不因人对责任的逃避、拒斥而消解，也不因人的理性认知能力的强弱而发生改变。既然人是有意志的存在，"意志一般来说，对其行为是有责任的"②。作为社会关系存在，人必然要承担对现实世界的责任。人是社会人，就决定了他必然是责任人。

第二，作为道德责任主体的人是具备道德能力的人。一个人要成为现实的道德主体，必须拥有一定知识文化、理性认知和践行能力。在古今中外的伦理道德学说中，从来不将毫无知识文化基础、理性认知能力和身体践行能力的人，视作真实的道德主体。所谓道德能力包括了道德认识能力、道德判断能力、道德选择能力和道德实践能力。人的知识文化、理性认知和践行能力，并非生而有之，而是通过后天的学习获得的，因此，每一个人都必须经历从"可能的道德主体"成长为"现实的道德主体"的过程。换句话说，任何现实的道德主体，都经历了一个从可能的道德主体成长为具有现实道德行为能力的主体的过程。

2. 实践活动的对象：道德责任的客体

责任行为需要特定的对象，亦即责任总是主体见之于客体的某种活动或行为。从这个意义上来说，不仅没有无主体的道德责任，也不存在无客体的道德责任。道德责任的客体不是某个特定的、单一的对象，而是一个具有逻辑性、层次性的体系。道德责任主体在实践活动中所关涉的对象，包括自身、他人、社会乃至自然界，种种如是都属于道德责任客体的范畴。依据道德责任行为所指向的客体不同，我们将道德责任划

---

① 《马克思恩格斯文集》（第1卷），人民出版社2009年版，第162页。
② 〔德〕黑格尔：《法哲学原理》，范扬、张企泰译，商务印书馆1961年版，第118页。

走向责任共同体
新时代大学生道德责任意识培育研究

分为对自我的责任，对他人的责任，对家庭的责任，对国家、民族与社会的责任以及对自然（未来的人）的责任。

将自我作为道德责任客体意味着责任主体对自身负责。事实上，对自我的责任在具体内容上表现为多种多样的形式。康德在论及现实生活中人对自我的责任时，将其划分为"对自我的完全责任"和"对自我的不完全责任"。所谓"对自我的完全责任"又可分成人作为动物对自身的责任以及人作为道德物对自身的责任，前者包括人对自我的生命的爱护，后者则包括反对谎言、吝啬以及奉承等责任。而"对自我的不完全责任"则包含了人对自身自然性完善以及道德性的完善的责任。费希特在继承康德自我责任思想的基础之上，进一步指出，对自我的责任可划分为对个体生命的保持的责任与个体生命完善的责任两方面，前者可以视为保证个体躯体的营养和健康；后者则体现为对个体精神方面的教养和发展。可见，生命与精神这两个方面是对自我的责任的最主要内容。从马克思的人的发展的视角来看，人的自我责任则包括了人的生存、发展和自我完善三个方面。

除了自我之外，他人、社会和自然也是这些个体实践活动之中所关涉的对象，也是道德责任主体需为之负责的对象，这些责任对象是外在于"我"和除"我"以外的"他者"。对"他者"负责意味着，作为个体的"我"的实践活动或行动方式必须是有利于社会和他人的，个体必须承担高于自己和超越于自我的社会义务和历史使命。尽管，从本性来说，人无可避免地具有自利性的倾向，但这种倾向及其行动却未必要建立在损害"他者"利益的基础之上。所谓的"亚当·斯密难题"，其指涉的也无非是人的自私利己之心和无私同情之心之共存。由此可见，人在为自我负责的同时，其内在的道德意识、德性约束和良心力量与外在的习俗规范、道德准则和公德之义也同时约束着人为自我负责的限度和程度，并要求自我自觉为"他者"负责。正如马克思深刻地指出："仅凭自然属性无法把人与动物真正区分开来，况且人的自然属性也越来体现为社会化了的自然属性。"正因为人具有比自然性更高的社会性，同时社会性也是人的本质的生存方式，才使人超越了其自然属性，使人作为"真正的人"而存在，这亦是"主体，即人""主体，即社会"的根本意旨所在。

三、道德责任之生成

道德责任是责任主体见之于责任客体的活动。不论是作为道德责任的主体抑或是客体，都必须具备一定的条件。诚如哈耶克所说："一个自由社会的本质在于，一个人的价值及酬报，并不取决于他所拥有的抽象能力，而取决于他能否成功地将这种抽象的能力转换成对其他有能力做出回报的人有用的具体的服务。"[①] 从客观方面来说，道德责任的主体与客体必须是处于一定的社会关系之中，作为关系性存在的主体与客体之间才能孕育出责任。同时，道德责任主体所经历的尘世生活，为其道德能力的学习和提升提供了必不可少的经验。换言之，社会现实生活以及个体的实践活动，是道德责任生成的现实场域。从主观方面来说，道德责任的主体所具备的意志自由是其能够承担道德责任的基本前提。与此同时，道德责任主体的责任能力又是其能否自觉履行自身义务并对行为后果进行承担的主观条件。

1. 道德责任生成的客观依据

（1）人作为关系性的存在：道德责任产生的尘世根基

从人类社会发展的历史来看，道德责任是伴随着人的社会关系的建立而产生的。只要有人的社会关系的存在，就有人的道德责任的存在。

[①] 〔英〕弗里德利希·冯·哈耶克：《自由秩序原理》，邓正来译，生活·读书·新知三联书店1997年版，第95—96页。

走向责任共同体
新时代大学生道德责任意识培育研究

随着社会形态的进步以及社会文明程度的不断提升，人的道德责任也越来越明确，道德责任对社会的调控作用也日益加深。马克思曾经深刻地指出："思想、观念、意识的产生最初是直接与人们的物质活动，与人们的物质交往，与现实生活的语言交织在一起的。观念、思维、人们的精神交往在这里还是人们物质关系的直接产物。表现在某一民族的政治、法律、道德、宗教、形而上学等的语言中的精神生产也是这样。"[①]由此可见，对道德责任的理解，道德责任的生成也应该从社会关系、道德关系及客观的社会道德要求出发。道德是用以调节个人存在和社会存在的冲突而存在的，道德责任亦是如此。

首先，道德责任直接产生于人们的物质实践生产活动之中，是人们协作和互助的必然结果。道德责任是客观存在的，它的生成具有客观依据，这个依据不是主观臆测出的"天"、"神灵"或"上帝"，更不是某种抽象的、先验的理性经验，而是在社会实践活动中的一个客观事实，是用以协调人与人、人与群、人与社会乃至人与自然的关系而存在的。马克思指出，人类一切活动的根源正是基于人的需要，"任何人如果不同时为了自己的某种需要和为了这种需要的器官而做事，他就什么也不能做"[②]。但是，马克思也同时指出了人同动物的本质区别就在于"动物只是按照它所属的那个种的尺度和需要来构造，而人却懂得按照任何一个种的尺度来进行生产，并且懂得处处都把固有的尺度运用于对象，因此，人也按照美的规律来构造"[③]。这表明人还具有与动物有着本质区别的特性——社会性。因此，人的需要与动物的需要有着本质区别，人的实践活动与动物的生存活动也有着根本的区分。从种类上看，人的需要具有多样性和复杂性，如生存需要、精神需要和实现需要等；从性质上看，人的需要也已经不再是动物式的本能的需要，而是一种"被意识到

---

① 《马克思恩格斯全集》（第3卷），人民出版社1965年版，第29页。
② 《马克思恩格斯全集》（第3卷），人民出版社1960年版，第286页。
③ 《马克思恩格斯文集》（第1卷），人民出版社2009年版，第163页。

了的本能"。人不再仅仅满足于单向地向自然界索取,而开始能动地、积极地和主动地利用和支配自然,在这一过程中不断使自身的需要得到满足,同时也产生新的需要。从某种意义上来说,人的需要蕴藏社会进步、人类发展的巨大内驱力。正因为人的需要不断得到满足,而新的需要又不断萌生,从而推动着人类社会的生存、延续和发展。伴随着人类社会的不断进步,现代化程度的不断提升,满足人们需要的实践活动也使得人们结成了日益复杂的社会关系。从根本上来说,这样的社会关系就是一种利益关系,并有可能随着人的需要的日益复杂膨胀变得更加紧张。为了保证社会关系之中人们相互的利益关系,由此产生协调各种利益关系的要求,并以规范的形式确定下来。处于一定历史条件和社会关系中的社会人,总是在社会关系中占有一定的地位也被赋予了相应的角色,因此就必须遵循相应的道德要求和道德规范,而这种道德要求和道德规范总的来说就是人的责任。

其次,道德责任是人类社会维持良好秩序和保证有效运行的内在需求。归根结底,道德责任是社会道德要求和道德规范在个人身上的具体化。如果每个个体都能够自觉遵守社会的道德要求和道德规范,自觉履行自身的道德义务,自觉维系他人和自身利益的统一,那么,人类社会就会朝着和谐、有序的方向发展。反之,则维系人类社会关系的纽带必将遭到损毁。"事实上,大多数人心中时隐时现的微弱的义务感有效地避免了社会秩序走向崩溃。"[1] 同样,如果我们在社会生活之中,时时刻刻企图掠夺他人的财产,侵占他人的利益,人们彼此之间都试图将他人之物挪为己用,那么,人类社会的良序关系也必将不复存在。正如西塞罗所言:"对于社会生活和人与人之间的伙伴关系来说,不义是致命的。"[2]

---

[1] 〔美〕R. 尼布尔:《道德的人和不道德的社会》,蒋庆、阮炜、黄世瑞、王守昌、牛振辉译,贵州人民出版社1998年版,第32页。

[2] 〔古罗马〕西塞罗:《论老年 论友谊 论责任》,徐奕春译,商务印书馆1998年版,第219页。

因此，从某种程度上来说，道德责任是人们社会生活的基本保证，更是获得社会和谐、家庭美满、人民幸福的最基本的保障之一。

(2) 个体的实践生活：个体责任能力的现实来源

道德责任的主体不仅仅是存在于社会关系之中的人，同时也必须是具备相应责任能力的人。例如呱呱落地的婴儿，尽管他也身处一定的社会关系之中，但并不具备基本的意识能力，因此，这个婴儿也只能算作"可能的道德主体"而不能作为"现实的道德主体"，我们无法对他提出相应的道德要求。人从"可能的道德主体"成长为"现实的道德主体"，需要他的责任能力的不断提升。那么，人的责任能力是从何而来，又是如何产生的呢？

责任能力是人的一种本质的能力，是责任主体见之于责任客体的活动，也是主体性问题在责任践履上的重要体现。马克思指出："主观性是主体，而主体又必然是有经验的个人，是单一的东西……"[①] 就每一个单独的个体而言，其责任能力的生成和发展都具有独特性。作为关系性存在的人，其责任能力总是无可避免地要打上时代烙印，受到一定的社会历史条件的制约。但是，在同样的社会历史条件下，人与人之间的责任能力也是有差别的，一些人可能具有更强的责任认知能力，因而对行为的预见和后果的洞察更为深刻；另一些人则可能具备更强的责任行为能力，因而较为倾向于自觉地履行与承担责任。造成上述不同则是每个个体独特的实践生活，不同的社会实践为他们提供了不同的生活体验。个体责任能力不能脱离其特定的生活经验而生成。而每个人在相同的社会进程之中都只能占有专属于他本人的社会场域与社会关系，人们的生活经历不尽相同、各具特色，因此，不仅每个个体的责任能力存在着差异，而且每个个体责任能力的生成也总是展现出这一社会过程的某一特定侧面。正是基于这种独特的个体生活经验，使人们形成了不尽相

---

① 《马克思恩格斯全集》（第1卷），人民出版社1956年版，第285页。

同的责任观、责任认知以及责任践行能力。可见，个体的独特的实践生活及其经验是个体责任能力的现实来源和基础。

要特别指出的是，个体独特的生活经验绝非是脱离他人的独立封闭的人生经验。事实上，个体独特的生活经验必须植根于一定社会历史时期的政治、经济和文化关系之中。个体的生活经验只能从其社会经验中获得，是个体在与"他者"的交往过程中呈现的。每个个体生活实践的场域也并不是单一的，在不同的实践场域之中个体逐渐形成与之相应的责任意识和责任观念，例如在个体的家庭生活实践中获得了对长辈、亲友、儿女和配偶的责任意识，在个体的工作实践中形成了相应的职业责任观，等等。但在教育实践活动之中，个体可以获得超越这个特定场域的生活经验，获得更全面的责任能力的提升。事实上，教育是一种特殊的实践活动，它是教育者按照一定的社会要求和受教育者的发展规律，对受教育者有计划、有目的、有组织地施加影响，并期望受教育者发生预期的变化的活动。道德责任教育亦即"在学校中进行的旨在教学生学会负责的，以自由为基础的，有目的、有计划、有组织的各种教育影响活动过程"①。可见，教育实践活动是个体责任能力提升的重要场域，这也是我们强调责任教育的重要因素之一。

2. 道德责任生成的主观条件

（1）人的意志自由：道德责任产生的前提

道德责任的生成及践履都与个体的意志自由存在着内在必然的联系。恩格斯在《反杜林论》中曾深刻地指出："如果不谈所谓自由意志、人的责任、必然和自由的关系问题，就不能很好地讨论道德和法的问题。"② 事实上，道德责任只能生成并实现于属人的世界，其根本原因就

---

① 赵文静：《学校道德责任教育研究》，山东大学博士学位论文，2008年，第108页。
② 《马克思恩格斯文集》（第9卷），人民出版社2009年版，第119页。

在于只有作为主体的人才具有自由之本性。马克思断言:"一个种的整体特性、种的类特性就在于生命活动的性质,而自由的有意识的活动恰恰就是人的类特性。生活本身仅仅表现为生活的手段。"① 自由,实质上包含了两层意义,一是不强制;二是自觉、自主和自我决断。意志,则意指人们自觉地确定目的,有意识地根据目的的支配、调节行动,克服困难,实现预期目的的心理过程。② 所谓意志自由也就是个体按照自我意愿进行独立的、自主的选择和行动。意志自由是一种基于个体自我意愿的、主观的、内在的自由。换而言之,意志自由就是个体通过理性对其行为和决定的控制。

马克思主义伦理学对道德责任的解释也是同科学的自由观紧密联系的。事实上,意志自由为道德责任的生成提供了必要的条件和潜在的前提。具体而言,意志自由之于道德责任的先决意义主要体现在以下几个方面。

第一,意志自由从根本上表现了人之自律的特性。个体具备意志自由这就意味着个体在做出选择和行为时,可以完全依赖于自我意愿,按照自我内心的动机和目标来进行。正是因为行动的源泉是基于个体自身而并非受外界压力所迫,我们就不能把因选择或行为所赋予的责任推诿给其他的什么东西。正是因为这个选择和行动是基于个体自身的意志,因而责任也只能是属于他自己的。亦即个体除非是在被迫或者是无知的情形下做出的选择,否则他都必须为出于自身意志和自主选择的行为负责。可见,个体的主观意愿是判断一个人是否应当对其行为承担责任的必要前提和条件。同时,意志自由也正是个体能动性的充分体现。个体总是可以依据自身意志在一定的社会历史条件下,自主地理解和规划自己的行为,通过预判和洞察自身行为来决定承担道德责任的内容、方式以及对象。

---

① 《马克思恩格斯文集》(第1卷),人民出版社2009年版,第162页。
② 曹日昌主编:《普通心理学》(下册),人民教育出版社1980年版,第74页。

第二，意志自由成为道德责任生成的必要前提和根本条件的一个重要因素，正是个体的意志自由使得道德选择成为可能。个体的道德行为及其选择并非凭空而来，而是在人与人、人与社会的相互作用之中产生的。个体的道德选择也必须有一定的前提，而这个前提就是自由。个体基于自由的选择则成为道德责任得以生成的关键条件。人们在做出某种行为之前，总面临着多种行为的可能性，这意味着人们必须在这些可能性之间做出抉择和决断。个体在践履某种责任之前，需要对多种行为的可能性进行预判和深入的洞察并最终对行为做出决断，这一过程中的预测、判断、考察、抉择便是意志自由最为核心的内容。道德选择的自由表现为社会自由和意志自由，即个体的外部自由和内在自由。社会自由意指个体道德选择的外在可能性，顾名思义，这种选择的可能性是由外在于人的社会所提供的，社会越是发达、文明程度越高，为人们提供选择的可能性就越多样、越丰富，人们选择的自由度也就越高。反之，人们选择的自由度则越小。然而，人的自由能否真正地实现，不仅仅依赖于社会为人们所创造的丰富的可能性，更依赖于个体自身的选择，即基于个体意志自由的选择。意志自由是人的能动性、主动性的充分体现，它使人能够在众多的可能性中依据自己的需要、认知、信仰来进行选择和决断。意志自由彰显了人之为人的独立地位和独特人格，使得人们可以依据自身意愿，来选择自己所期望的行为方式和生活方式，从而建构专属于其自身的德性以及实现自身的独特价值。意志自由使人的道德选择得以可能，同时又赋予了做出选择的主体以道德责任。因此，自由成为责任生成的基础，而道德选择则必须以意志自由为前提，又以承担道德责任为其结果。可见，道德主体在拥有自由的同时因为自由而选择了相应的责任。

第三，意志自由是有限的自由。离开意志自由，来谈论道德责任问题是无意义的。因为意志自由，才使人们获得了对自我的导向和控制的能力，使人可以按照自己的意愿来进行选择。尽管自由尤其是意志自由对道德责任具有先决意义，但是道德责任的全部意蕴却绝不仅仅限于此。因为，人的自由并非绝对的，而是有一定限度的，它总要受这样或那样的主客观条件的制约。依此而言，人的道德责任也是有限的，而非无限的。从客观上说，对一个人的道德责任的判断总是要基于客观环境为其所提供的道德选择之可能性的范围内；从主观上说，主体的主观能力、道德能力以及责任能力成为其进行道德选择并为所选择担责的先决条件。由于人总是能动与受动的统一，因此，人的道德选择既包括了自主、自觉、自由的成分，又包括了在自然、社会和其自身条件的限制和规定。由此可见，自由是相对的自由而绝非绝对的自由，与之相应，人的道德责任也是有限的。这决定了人必须也只能够对属于其自由限度内的选择承担相应的责任，如若不然，对人的道德责任的评价就会陷入绝对自由主义和绝对责任主义的错误之中。同时也必然导致人在现实社会生活之中无法充分发挥意志自由来进行选择，面临选择时无所适从，甚至因无法选择而逃避自由、逃避责任，造成现代社会中的责任的"漂流"现象。意志自由充分彰显了个体在道德责任践行中的主体性、自觉性和自律性，但是道德责任的生成、履行和担当仍然受到外在条件的制约。如果一味地强调道德责任的自主、自律而全然不顾客观外在的他律，过分夸大人之意志的绝对自由，其结果必将是导致道德责任唯我论、道德虚无论以及绝对自由主义倾向。

（2）道德责任能力：道德责任主体必备的条件

如前所述，道德责任以意志自由为必要前提，意志自由是道德责任生成的先决条件，但从道德责任的实现上来说，仅仅有意志自由并不能保证必然实现责任。正如前面所述，意志自由是主体自我意愿的根本体现，但是这种自我意愿是否能得以实现，不仅要依赖于客观的物质条件，同时还要求具备一定的主体条件，即责任主体的道德责任能力。《辞海》将"能力"解释为："完成一定活动的本领，以及顺利完成一定活动所必需的心理特征。""能力是在人的生理素质的基础上，经过教育和培养，并在实践活动中汲取人民群众的智慧和经验而形成和发展起来的。"① 所谓道德责任能力，是"个体依据自身所处的现实处境，运用自身各种相关素质促使责任实现的主体条件"②。可见，道德责任能力是个体责任践行和实现的必备条件，从这一意义上来说，道德责任实质上就是道德责任能力在现实生活之中的展现。总体上来说，道德责任能力可以划分为道德责任认知能力和道德责任践行能力，而在道德责任认知能力方面则包括了对道德责任的理性认知和情感体验两个方面。

1）道德责任认知能力

第一，道德责任认知能力表现在主体对道德责任的理性认知方面。一方面，个体对道德责任的理性认知体现为对自身行为后果的洞察力和预见性。从一般的意义上讲，"只有行动者能够最为准确地知道其行动的周遭环境，……最为有效地运用他们的知识"③。"如果我们因假定人具有理性而赋予其以自由，那么我们也必须通过使他们对其决策的后果承担责任而肯定他们会一如具有理性的人那样去行事。"④ "这并不意味着我们认为一个人永远是其自身利益的最佳判断者；这只意味着我们永远不可能确知谁比行动者本人能更好地知道他的利益。"⑤ 可见，这种洞察力和预见性对个体的道德责任行为具有选择、发生、持续或者中断的作用。亦即，道德责任的主体在采取行动之初就应当对这一行为可能带来的影响和后果有所预见。这种洞察力和预见性在很大程度上能避免道德责任主体因过失性而引发。另一方面，对道德责任的理性认知还表现

---

① 辞海编辑委员会编：《辞海》，上海辞书出版社1979年版，第479页。
② 荀明俐：《从责任的漂浮到责任的重构——哲学视角的责任反思》，黑龙江大学博士学位论文，2010年，第35页。
③ 〔英〕弗里德利希·冯·哈耶克：《自由秩序原理》，邓正来译，生活·读书·新知三联书店1997年版，第90页。
④ 〔英〕弗里德利希·冯·哈耶克：《自由秩序原理》，邓正来译，生活·读书·新知三联书店1997年版，第90页。
⑤ 〔英〕弗里德利希·冯·哈耶克：《自由秩序原理》，邓正来译，生活·读书·新知三联书店1997年版，第90页。

在道德责任主体对自身肩负的责任要求所应有的理解力和判断力上。也就是说，对道德责任的理性认知需要建立在对自身肩负的道德责任具体内容的把握之上。对一定社会历史阶段的社会道德要求和个人道德义务的知晓和理解，成为个体道德责任理性认知的基础。换而言之，也就是个体的道德知识的学习，是其道德责任理解力和判断力的来源。尽管，我们强调道德责任教育并不能等同于道德责任知识的教育，但不能否认的是，道德责任知识的确是学生道德责任认知发展的必备条件，是提升学生道德责任能力的重要环节。学校道德责任教育必须以道德责任知识学习为基础，在此基础之上引导学生将理论联系实际，在实际生活的场域中自觉履行道德责任，并促进学生道德责任能力的生成和提升。

第二，道德责任认知同样体现在主体对道德责任的情感体验方面。事实上，道德责任的主体在承担和履行道德责任的过程中，必然需要调动和借助自身的非理性因素。诸如情感、意志和信念等非理性的因素也是道德责任认知不可被忽视的方面。"道德责任能力还应包含道德责任主体在道德责任实践过程中的意志力、韧性和获取幸福感的情感体验能力。"[1] 再如，当人们在面对"道德两难问题"时，在损人利己或助人损己两者之间难以抉择之时，就需要人们具有强烈的道德责任感、道德责任意志和信念，以促使其自觉践行自身的道德责任，按照社会的道德要求行事。从这个意义上说，道德责任主体对于承担道德责任的情感认同，也是个体道德责任能力的重要方面。无数的事例都证明了，人们对理想的追求和信念的敬仰往往可以发挥出无法想象的巨大力量。这些都属于道德责任主体承担、践行道德责任的心理基础。可见，对道德责任能力的理解，不能仅仅从理性认知出发，还需要考量道德责任主体的情感和心理的力量。从某种意义上来说，个体只有对于所担当的道德责任

---

[1] 鲁新安：《价值冲突下的道德责任能力建设》，载《学术研究》，2007年第8期，第51页。

有了情感和心理上的认同时，受到这种强大信念的感召，才能充分认识道德责任所包含的德性意蕴，也才能自觉地将道德责任的他律转化为自律，从而不断提升自身践履道德责任的动力。

2）道德责任践行能力

所谓道德责任践行能力，亦即道德责任主体承担和履行道德责任的行动和实践能力。道德责任践行能力是道德责任得以实现的根本保证。事实上，在道德责任实践的过程之中，需要道德责任主体具有良好的与他人交往、沟通和协调的能力，这也是道德责任实现的极为重要的因素。"为了获得对别人和对集体的适当关系，他必须学习去了解人们的动机、他们的幻想和疾苦。"①"自觉、主动、积极地建立与他人、与社会的交往与联系，从而减少彼此之间的疏离和误会，使得人与人之间成为真正意义上的温馨的'共同体'。"② 道德责任主体的践行能力，还应该包括道德主体驾驭自身所面临的各种复杂的社会伦理关系的能力，例如在各类道德责任中化解和平衡道德冲突的能力，在参与和承担道德责任的实践中所获得的实现道德责任目标的其他各种经验性能力，等等。

事实上，道德责任能力的认知方面和践行方面并不是绝对独立的，两者之间是相互影响和交叉渗透的关系。对道德责任的理性认知，使得道德责任主体能够对不同的价值进行客观判断和抉择，并形成一定的价值取向，而道德责任的情感体验则进而在道德责任践行过程中帮助道德责任主体坚守价值信念，并最终通过道德责任的践行实现对道德责任的承担。可见，道德责任认知极大地影响着道德责任的实现方式及其功能的发挥。可以说，道德责任主体对道德责任的取舍方式和驾驭价值冲突并确立价值观念的智慧水平是道德责任行为的思想基础和动力，道德责

---

① 〔美〕阿尔伯特·爱因斯坦：《爱因斯坦文集》（第1卷），许良英、李宝恒、赵中立、范岱年编译，商务印书馆1997年版，第339页。

② 〔英〕齐格蒙特·鲍曼：《共同体》，欧阳景根译，江苏人民出版社2003年版。

任的认知能力和践行能力两者相辅相成、缺一不可，并且贯穿个体道德责任实践过程的始终。

四、人的存在方式与道德责任的形态

如前所述，道德责任始终是与人类社会共生和共在的，但人们对道德责任的认同和理解，却是具有明显时代特征的。就人的发展历史和存在的形态而言，马克思将之划分为"以人的依赖"阶段、"以物的依赖"阶段和"自由而全面发展"的阶段。与自然经济一致的"以人的依赖"阶段中，人不具备独立性，而是奴性十足，人的存在方式具有依附性和整体性；与商品生产匹配的"以物的依赖"阶段中，人摆脱了传统血缘关系的束缚，人摆脱依附获得人身独立的同时又陷入"被物的奴役"之中；只有在共产主义社会中，人才能自由而全面地发展，这是建立在对"人的依赖"和"物的依赖"的超越之上的。共生性主体体现的是对奴性人格和"单子式"主体的超越，是人的自由全面发展的当代体现，是对真正意义上人的追求。[1]

1. "以人的依赖"阶段的整体性个体与整体化责任

早期人类社会，由于生产力水平的低下，每个单独个体无法获得与自然抗衡的能力，因此，人与人、与世界的关系是浑然一体的。在这种"以人的依赖"关系的社会里，每一个单独的"自我"都不具备其存在的价值和意义。在原始社会中，人与人结为以血缘为基础的原始共同体，如氏族部落，每个人与他所属的氏族部落结为一体，不可区分。随着社会分工和物品交换的出现，人们结成了以地域划分的共同体，人类社会也由此进入有阶级的奴隶社会、封建社会，人与人之间的相互依赖

---

[1] 袁本新、王丽荣：《人本德育论》，人民出版社2007年版，第187页。

仍旧具有依附性的特征。这种依附性体现在，处于从属地位的人仍没有自己独立的身份，他们不以"我"自称，而以"臣""奴才"代之。在"以人的依赖"为特征的阶级社会中，人与人之间是一种隶属关系，基于血缘关系、利益因素、政治制度以及宗教信仰，使人与整个社会结构（城邦、国家、社会、王朝）紧密地结合起来，形成一个整体。在这种整体性存在的观念之下，人的责任也是一种整体化的责任。整体化是指作为社会结构的整体在逻辑顺序上优先于整体中的成员、个体或部分。所谓整体化的责任就是指对整个社会结构的责任构成了作为整体性个体的根基与全部意义，责任的个体性被责任的公共性吞噬。

在西方传统社会里，人的责任主要是个人对自己所在的社会结构①的责任。人们基于对这些社会结构的归属感使得其接受自己在这些社会结构中的地位和角色，并履行相应的责任。作为传统社会的道德大都是社会本位的、超越的、形而上学的、宗教的、自然的。因此，这些责任也由风俗习惯等沿袭而来，其依据是上帝、诸神、苍天、君王、天子等外在的事物。

柏拉图所构想的理想国——正义的城邦，是一个和谐有序的社会。在这个正义城邦之中，"全体公民无例外地，每个人天赋适合做什么，就应派给他什么任务，以便大家各就各业，一个人就是一个人而不是多个人，于是整个城邦成为统一的一个而不是分裂的多个"②。柏拉图认为，正义的城邦应由充满睿智的哲学王所统治，并在此基础上构建了完整的社会职责分工体系。柏拉图将社会成员划分为统治者、武士和劳动者三个等级，他们分别拥有三种美德，即智慧、勇敢和节制。柏拉图认

---

① 根据德国社会学家滕尼斯的观点，传统社会是一种共同社会，其社会形态为家庭、村落、邻里、城镇、教会等。
② 〔古希腊〕柏拉图：《理想国》，郭斌和、张竹明译，商务印书馆1986年版，第423页。

走向责任共同体
新时代大学生道德责任意识培育研究

为神在创造人的时候，为不同阶层的人注入了不同的天赋。统治者的天赋决定了他们通过学习可以认知到世界终极的善和真理，因此，他们的使命就是治理国家和塑造公民的心灵；武士则天性勇敢，他们依照统治者的命令，依自身的勇敢美德来承担护卫城邦的使命；生产者们擅长各种技艺，因此，他们发挥自身的专长，从事农业、商业、手工业、艺术、娱乐等社会活动，一方面为自身生存创造条件，另一方面，还承担供养城邦治理者的责任。正义城邦中的三个等级各司其职、各尽其责，当三个等级的人依据自身天赋履行自身责任时，正义的理想社会就会实现和确立。这种"各司其职"就是个人在城邦社会结构所要求的责任。柏拉图同时指出，哲学家要先验地服从其心灵和灵魂的指令，因为人的灵魂拥有支配行为的三种原则：理智、激情和欲望。理智乃灵魂之本性，它能使人进行思考、推理和控制思维的活动。人灵魂中的三个部分各司其职，理智是处在核心领导地位，激情则协助理智，二者同时控制欲望，进而促使个体正义的生成。因而，在柏拉图这里，责任不仅仅是只关乎社会职责的分工体系，还与人的灵魂及肉体、理智与欲望的冲突密切相关。

亚里士多德是西方伦理思想史上第一个建构起责任理论的思想家。他较为系统地论述了责任与知识、责任与选择以及责任归因等问题。亚里士多德最大的贡献在于论及了责任实现的条件问题，他说"无知与强制可以使人免于道德谴责与赞扬"[1]。因此，一个具有道德能力的行为主体，他才能够负担道德的责任。基于这一思想，亚里士多德从理性主体的人出发，确定了责任行为者的两个必备条件，即知识与自由。人的道德生活中知识有其重要作用，它导人向善，而无知则会导致人的向恶和不负责任。同时，亚里士多德认为人的自愿行为既可以表现为德性，也可以表现为罪恶。这一思想，开启了关于"意志自由与道德责任"问题

---

[1] 〔古希腊〕亚里士多德：《尼各马科伦理学》，苗力田译，中国社会科学出版社1998年版，1109b，第30—35页。

的探讨。一方面，因为人是具有意志自由的，主体只有在受到责任约束的情况下才能做出正确的行为选择。另一方面，由于行善或行恶都是基于个人意志自由的选择的结果，行为主体也必然要为自己的选择负责。正如亚里士多德所言："作为运动的开始之点，正在行为者中起作用的部分，是在他自身之中。那些在自身中具有运动始点的人，做与不做都由他自己。"① 尽管在亚里士多德的责任思想中，人的个体性已经有所萌发，但亚里士多德所强调的人负责的终极对象仍然是城邦，因此，这种责任依然强调的是人对社会结构的责任。

西塞罗将责任划分为绝对责任与普通责任。绝对责任指的是符合道义和德性的责任，如公正、仁慈等；普通责任则是基于功利计算过后的行为责任。西塞罗认为，人们"每履行一次道德责任，应当考虑谁最需要帮助，如果没有我们的帮助他自己是否能够完成，有些恩惠只能施于某一个人而不是另一个人，等等，这些问题都要考虑，这是一些践行责任的规则，而且平时应当养成并保持这种习惯"②。西塞罗将"自然"视为解决责任冲突的最高标准，"关于源出自恰当的责任，它指导我们去做的第一件事情就是与自然保持和谐，忠实地遵守其规律"③。具体而言，遵循"自然"就是一种理性，是将人类社会的利益放置于首位的责任。西塞罗将社会关系中的责任做了详细的等级划分，"我们首先应当对不朽的诸神负责；其次，应当对国家负责；第三，应当对父母负责，然后才依次对其他对象负责"④。尽管，西塞罗这里的责任主体运用了理性的概念，但其责任的对象仍旧是外在于人的，如诸神、国家、父母、

---

① 〔古希腊〕亚里士多德：《尼各马科伦理学》，苗力田译，中国社会科学出版社 1998 年版，1109b，第 42 页。
② 〔古罗马〕西塞罗：《论老年 论友谊 论责任》，徐奕春译，商务印书馆 2003 年版，第 117 页。
③ 〔古罗马〕西塞罗：《论老年 论友谊 论责任》，徐奕春译，商务印书馆 2003 年版，第 136 页。
④ 〔古罗马〕西塞罗：《论老年 论友谊 论责任》，徐奕春译，商务印书馆 2003 年版，第 136 页。

走向责任共同体
新时代大学生道德责任意识培育研究

社会他人。这显然也是一种个人对外在结构负责。

传统中国社会是一种以家庭为本位的伦理社会。在这样一种社会结构之中，人的责任就是对整个社会和民族的责任。在传统的中国社会里，人的责任更多地体现为一种伦理责任。"中华民族的伦理文化和道德精神源远流长，博大精深，其中蕴含着丰富的父慈子孝、兄爱弟悌的家庭责任伦理；修己安人、仁者爱人的人际责任伦理；重义济世、敬业乐群的职业责任伦理；天下兴亡、匹夫有责的社会责任伦理；民胞物与、爱惜万物的环境责任伦理等责任伦理思想。"① 在传统中国的家国一体的社会里，人们以家为基础和单位，也就是所谓的"家国"。"家是国的基础，家族的秩序和原则放大了，就是国家的秩序和原则。"② 在家国一体的社会结构里，个人担负着对国家、对家庭的责任。如"孝"体现了一种家庭责任观，"'父慈子孝、兄友弟恭'这种人伦关系本身就规定了每个家庭成员的角色以及相应的责任和义务，诸如父慈、子孝、夫和、妻柔、兄友、弟悌、长惠、幼顺等"。而"忠"则体现的是一种国家责任观，在传统中国社会里，无论身处哪一阶层，都要求其具备对国家的责任意识。对于普通人来说，要求他们做到"天下兴亡，匹夫有责"；对于社会精英来说，则需要其具备更多的忧患意识，即"先天下之忧而忧，后天下之乐而乐""为天地立心，为万民立命，为往圣继绝学，为万世开太平"；等等，这些都是社会精英们社会责任感的典型体现。传统中国的这种责任从个体的"修身""齐家"开始，进而向外在的集体、社会乃至国家扩展，从而形成了一种"治国""平天下"的社会抱负。

由此可见，在"以人的依赖"关系的社会里，人的"自我"意识并未萌生，人与人之间是一种隶属关系，且人是以整体性个体的方式存在的。在这种整体性存在的观念之下，人所承担的责任也呈现为一种整体

---

① 田国秀：《当代社会责任伦理》，人民出版社2008年版，第7页。
② 葛兆光：《古代中国文化讲义》，复旦大学出版社2006年版，第39页。

化的责任形态,即个人对整个社会结构的责任构成了作为整体性个体的根基与全部意义。整体化责任形态中责任的个体性被责任的公共性取代和吞没。

2. "以物的依赖"阶段的单子式个体与自我化责任

随着现代化的推进,人逐渐从"人我不分""人群不分"的混沌的整体主义状态中走出来。① 资本主义的飞速发展,雇佣劳动制度的建立,使人的"自由"地位得到了确立。人从"以人的依赖"关系中解脱出来,人们摆脱血缘、地缘等依附方式,"以物的依赖"为基础的人的独立性开始确立。

在"以物的依赖"的关系中,人的独立性得到了确立,与这种独立性相适应,人的存在方式体现为单子式的个体。所谓单子式个体是与整体性个体相对,认为人与人之间并不是隶属和依附的关系,而是彼此孤立的。因此,人与人之间通过建立某种外在于人的社会契约来维系相互之间的关系,它以人和人的分离、对立、对抗作为其预设。"单子式个体把自身作为唯一的目的,其他人都是自我目的的手段;单子式个体的生活运行原则是个人利益,这一运行原则表现于经济、政治、社会生活的方方面面;单子式个体把自我视为一种实体,为此,他所需要的就是物质的享受和性的刺激,他的自我意识和自我确认只能建立在感觉的基础之上,凡是通过感官无法经验到的都被否定,一切道德、美学、宗教等等精神与灵魂的追求都被排除,任何终极价值和意义都被虚无化,'及时行乐'是这个时代所奉行的人生哲学。"②

作为单子式个体的存在,人的独立性得到确立,人们开始认识到真正的人本身,人的主体理性和自我意识得到萌发和觉醒。从"我思"出发,笛卡儿推导出了自我之在。由此,个体作为独立主体的观念被彻底

---

① 鲁洁:《道德教育的当代论域》,人民出版社2005年版。
② 鲁洁:《道德教育的当代论域》,人民出版社2005年版。

走向责任共同体
新时代大学生道德责任意识培育研究

明确地表现出来,这种个体主体是一个充满理智和理性的自我。唯有这种理性的自我,才有可能去承担责任并为自己的思考及行为活动负责。如果说传统社会里对责任的关注更多地偏向于"我做"的自觉,那么,近代社会里对责任的关注则转向于对责任主体的"自知"。可以说,直到笛卡儿,这种基于自我意识的个人责任才算是被真正建立起来了。与这种主体意识和自我意识的觉醒相适应,人的责任的取向也发生了重大转变,基于自我意识的责任观念迅速发展起来,并从不同的视角拓展出多重的样态。而义务论责任观、功利论责任观和存在主义责任观正是这种基于自我意识的自我化责任观的典型代表。

  康德的义务论责任观,赋予了责任以理性基础。如果说,整体化责任其依据是外在事物,那么义务论则将责任建基于人的理性之上。康德的义务论责任观所强调的正是人对由其理性形成的"绝对律令"的服从。也就是说,人的责任不再是来源于某种外在于人、强制性的社会结构,而是一种基于人的理性认知——善良意志的自我责任。康德指出:责任"这一概念就是善良意志概念的体现"[1],"道德行为不能出于爱好,只能出于责任"[2]。"善良意志,并不是因为它所促成的事物而善,并不因为它期望的事物而善,也不因它善于达到预定的目标而善,而仅是由于意愿的善,它是自在的善。并且,就它自身看来,它自为地就是无比尊贵。"[3] 由此可见,义务论强调的是一种自身的道德责任。康德将这种义务论责任观概括为三个基本的道德命题:第一个命题:"只有出于责任的行为才具有道德价值。"[4] 所谓"责任",也就是"义务",是

---

[1] 〔德〕依曼努尔·康德:《道德形而上学原理》,苗力田译,上海人民出版社2002年版,第12页。
[2] 〔德〕依曼努尔·康德:《道德形而上学原理》,苗力田译,上海人民出版社2002年版,第14页。
[3] 〔德〕依曼努尔·康德:《道德形而上学原理》,苗力田译,上海人民出版社2002年版,第9页。
[4] 〔德〕依曼努尔·康德:《道德形而上学原理》,苗力田译,上海人民出版社2002年版,第16页。

人对客观道德法则的符合。第二个命题："一个出于责任的行为，其道德价值不取决于它所要实现的意图，而取决于它被规定的规则。"① 也就是说，一个出于责任的行为，是由于在动机上符合一定的"意愿原则"，而不在于它的结果取向。第三个命题："责任就是由于尊重规律而产生的行为必要性。"② 因此，这里康德提出了一个判断行动是否为善的普遍性的衡量标准："除非我愿意自己的准则也变成普遍规律，否则我不应该行动。"③

功利主义的观点认为，人对责任的践履并非在于个人的德性，而总是基于某种外在的、功利性的目的。以边沁为代表的功利者，其思想可以概括为"最大多数人的最大幸福"。功利主义者关注的是个人利益，但为了个人利益的实现，也不能忽视整体利益，责任行为的选择就是看该行为能否实现最大多数人的最大幸福，如果能够，就应该去履行这一责任；如果不能，则不必尽责去做这样的事情。根据功利主义的观点，对于社会来说，责任的存在就是为了实现和维护社会的稳定和效率等功利目标。对于个人来说，履行责任就是为了实现某种外在的功利目标，这种功利目标既可以是积极的，即为了获得财富、快乐、知识、荣誉、名誉、权力、地位等物质的或精神的利益；也可以是消极的，即为了避免他人的鄙视、舆论谴责或法律制裁等惩罚。④

萨特的存在主义强调的是一种行动的和自我承担的责任。一个人成为好人或恶人，皆是由其自身的选择所造成的。正如萨特所说："一个人成为懦夫或英雄是根据他的所作所为决定的，即是懦夫把自己变成懦夫，是英雄把自己变成英雄。英雄或懦夫都不是天生的，而是通过人主

---

① 〔德〕依曼努尔·康德：《道德形而上学原理》，苗力田译，上海人民出版社 2002 年版，第 16 页。
② 〔德〕依曼努尔·康德：《道德形而上学原理》，苗力田译，上海人民出版社 2002 年版，第 16 页。
③ 〔德〕依曼努尔·康德：《道德形而上学原理》，苗力田译，上海人民出版社 2002 年版，第 18 页。
④ 崔新伟：《学校责任教育论纲》，南京师范大学博士学位论文，2006 年。

走向责任共同体
新时代大学生道德责任意识培育研究

动选择使他变成英雄或懦夫的。"① 正因为人的行为是基于自我的自由选择，所以人需要承担因此而带来的责任。这种责任，不仅包括了对自身行为后果的负责，而且还包括了对自己成为怎样的人负责。在萨特那里，人成为怎样的人是自己的责任，与社会结构无关。"人就是自由，如果一个人不能自由选择，那么他就不是一个真正的人。独自选择，独自承担，就是人成熟长大的标志。"② 因此，萨特存在主义伦理学的核心思想是自由承担责任的绝对性质；通过自由承担责任，任何人在体现一种人类类型时，也体现了自己。概括地说，责任就是人自己的本性所决定的，而不是外在的结构力量的要求。责任的根据在自己，责任是自己"长大成人"的需要或结果。

处在"以物的依赖"阶段的人，作为单子式个体的方式存在。与这种存在方式相适应的责任形态是一种基于自我意识的自我化责任。自我化责任充分体现了责任的个体性、主体性以及责任主体的自觉性。经过文艺复兴和宗教改革，近代西方社会走上了世俗化之路，人的尊严和价值亦成为时代之核心。在这样的社会历史条件下，所需要的正是这种充分自觉的个体性责任意识。人们高举理性精神的大旗，从自身出发来认识世界并反思人与人、人与社会以及人与世界之间的关系。由此，责任取向从各个方面发生着转变：责任的对象从社会结构转换为自我；责任的依据从基于社会整体信仰转换为基于个体自我意识；责任的内容从外在的、强制的规范转换为内在的自律。这种自我化责任，切合了人的自由和解放的时代主题，迎合了近代社会文化与社会变革的需求。

然而，这种基于自我意识的自我化责任本身隐含着致命的理论局限。建立在个体自觉性基础上的自我化责任，其朝向始终是责任主体自

---

① 〔法〕让－保罗·萨特：《存在主义是一种人道主义》，周熙良、汤永宽译，上海译文出版社1988年版，第6页。
② 包利民、〔美〕M. 斯戴克豪思：《现代性价值辩证论——规范伦理的形态学及其资源》，学林出版社2000年版，第177页。

身内在的自觉性，以至于发展到将责任彻底地放置于主体的内在意志的意义上加以考量。这为当今社会里责任的"唯我论"困境埋下了伏笔。随着市场经济的发展、科学技术的应用以及全球化时代的到来，这种以"自我"为中心的理论已经越来越显现出其不足之处，并已然成为当代社会责任危机的导火索。诸如"利己主义""自我中心主义""绝对自由主义"等社会思潮正是这种唯我论观念的反映。

3."共生性存在"阶段的共生性个体与"为他"的责任

由单子式个体存在观所引发的自我中心主义、利己主义和绝对自由主义，越来越暴露这种人学观的消极性，由此引发的当今社会的生存和文化的矛盾与冲突更加尖锐。种种现象都表明，单子式个体的生存方式及由此引发的相关理念已经逐渐丧失其存在的历史根据。从唯物史观出发，人的生存方式的转变也必然发端于现实生活，体现为一种历史的必然。20世纪50年代后，人类的生活方式发生了巨大变革，在全球化、信息化的背景下，人与人之间的相互联系变得更为密切、更趋于内在化。"在以往的社会里，人与人的关系和互动由'在场'所限定，而当今'缺场'（absences）的联系则成为人际联系中的一个新特点。"① 在当今的社会条件中，个体并非孤立和封闭的存在，而是通过各种方式与他人相互联系着的存在，这种生活方式表现出当代人作为一种共生性存在的特性，"它表明在人与人之间，一种生死与共的生存结构正在逐步形成"②。

共生性个体既是对单子式个体的超越，也是对整体性个体的扬弃。共生性个体给处于两极对立之中的自我与他人、个人与社会、利己与利他等问题提供了新的视角，使他们之间的关系得到了调和，体现出一种真正的辩证关系。一方面，共生性的存在要建立在个体生命存在的前提

---

① 鲁洁：《道德教育的当代论域》，人民出版社2005年版。
② 鲁洁：《道德教育的当代论域》，人民出版社2005年版。

下；另一方面，个体作为关系性存在又体现为诸多个体生命的凝聚，共生性存在将自我与他者、小我与大我、内存在与外存在等存在形态的两极对立消弭于超越之中，是以上诸种存在形态的有机整合。正是基于"共生""共在"的存在理念，人们开始意识到基于自我意识的自我化责任已经不能适应当代社会的"共生"与"共在"的要求，在主体性的"自我同一化"哲学中被遮蔽的"他者"也逐渐地在"共生"与"共在"的主体间交往关系中显现出来。基于"共在"与"共生"观念的当代责任体现为一种为"他者"负责的形态。

当代法国哲学家列维纳斯从伦理学的视角考察人与人之间的关系，他主张"他者"对"自我"的绝对超越性。列维纳斯的他者伦理学源于对西方哲学的"同一化"特点的批判。他认为，无论是柏拉图的理念论、亚里士多德的实体论还是黑格尔的逻辑学、海德格尔的存在论等，这些西方传统的本体论哲学都是一种"把他者还原为同一的本体论"[1]。这种本体论的哲学以"自我"为中心，将"自我"作为主体，并通过各种手段来占有"他者"，使"他者"与"自我"同一化。这种对西方哲学"同一化"特点的批判，其实质就是提倡要正确处理自我与他人的关系，消除作为主体的"自我"对"他者"的占有和压制。在列维纳斯那里，"他者具有陌生性、不可知性以及不可占有性"[2]。

那么，怎样的一种相互关系才是合理的呢？列维纳斯认为，人与人之间的伦理关系就体现为一种为"他者"负责的关系。当我与"他者"相遇，"他者"的面貌便浮现在眼前，而我必须对"他者"做出回应，这种回应就是责任。列维纳斯认为，我们要面向他人，尊重他者的特殊性，为他人负责。由此可见，列维纳斯的为"他者"负责的责任观是一

---

[1] Emmanule Levinas, *Totality and Infinity*, translated by Alphonso Lings, Pittsburgh: Duquesne University Press, 1969, p. 42.

[2] Emmanuel Levinas, *Ethics and Infinity*, translated by Richard A. Cohen, Pittsburgh: Duquesne University Press, 1985, p. 11.

种主体间性的责任,它建立在自我与他者之间的伦理关系基础之上。"他把每个人的主体性看作是一种责任——对他人负责,他认为只有在对他人负责时,我们才能见证他人,他人也才实质性地向我们靠拢。"[①] 尽管,列维纳斯十分强调"他者",但这并不意味着他否认个体的主体性。事实上,列维纳斯从自我与他者的伦理关系的角度出发,主张一种"为他"的主体性,而否认"同一化"的"为己"的主体性。"为他"的主体性生成于"自我"与"他者"的交互关系之中。"主体性不是事先就已经存在的,它一定是在伦理关系中才展开其内涵的,一定是在责任行为中被建构起来的。"[②] "正是在负责中,与他者的关系构建起我的独特的主体性。"[③] 正因为,"自我"对"他者"有着不可推卸的回应之责,同时,"自我"也总是作为"他者"的"他者"而存在的,在对对方负责的同时也得到"他者"对自己的负责。

基于"共生"和"共在"意识下的责任形态是一种为他的责任。当代社会是一个"自我"与"他者"共在的社会,因此,"他者"成为"自我"无法同一化的独立的主体所存在,而对"他者"的回应就是一种责任。"自我"和"他者"是一种主体间性的存在,在强调"自我"对"他者"的责任的同时,"自我"也总是作为"他者"的"他者"而存在的。与这种存在方式相适应,"自我"与"他者"始终是处于一种相互依存、相互尊重和相互负责的关系之中。因此,这种为他的责任,既强调责任的为他性,也强调了责任的为我性,是在实现了为他性的基础之上的为我性。因而,为他的责任既是对整体化责任的扬弃,也是对自我化责任的超越,是人之存在的当代形态的必然要求。

不可否认,列维纳斯建立在伦理本体论基础上的他者伦理学,为我

---

① 杨大春:《超越现象学——列维纳斯与他人问题》,载《哲学研究》,2001年第7期。
② 顾红亮:《另一种主体性——列维纳斯的我他之辩与伦理学》,载《天津社会科学》,2005年第4期,第27—33页。
③ 顾红亮:《另一种主体性——列维纳斯的我他之辩与伦理学》,载《天津社会科学》,2005年第4期,第27—33页。

们探讨当代大学生道德责任问题提供了崭新的视角和丰富的理论资源。但是，我们也应当看到这种伦理本体论的理论缺陷，它过分夸大了伦理关系在社会生活中的地位和作用，从而从绝对化的理性主体陷入伦理关系的抽象原则之中。因为"思想、观念、意识的生产最初是直接与人们的物质活动，与人们的物质交往，与现实生活的语言交织在一起的。人们的想象、思维、精神交往在这里还是人们物质行动的直接产物。表现在某一民族的政治、法律、道德、宗教、形而上学等的语言中的精神生产也是这样"①。"他者"为我们考察当代大学生道德责任提供了合理的向度，但对"他者"的理解只能建立在马克思关于实践关系论的基础之上。为了他人而生活始终是马克思的奋斗目标，尽管在马克思的著作中很少谈到他人或"他者"，但这并不能否定为了他人的精神在马克思思想中占有的重要位置。有的学者认为，马克思的实践哲学包含着为他者伦理观照的向度，"马克思实践哲学以'他者'作为其理论的出发点，把自我与他者的社会关系纳入其理论视域之内，从而打开了哲学思维的另一个向度。这不仅体现了马克思实践观对近代主体主义哲学即认识论哲学的超越，而且也表明了马克思实践观如何先期引领了当代哲学的转向"②。可以说，马克思实践关系论为我们理解社会生活中的"他者"提供了"阿基米德点"，同时也为我们理解当代大学生道德责任的应然内容指明了现实的前提和基础。关于这一点，将在下一章节进行详细的探讨。

---

① 《马克思恩格斯文集》（第1卷），人民出版社2009年版，第524页。
② 李荣：《马克思实践观的他者向度及其当代超越性解读》，载《齐鲁学刊》，2006年第2期。

第三章

大学生道德责任的界定及道德责任能力的生成

一、大学生道德责任的界定
二、大学生道德责任能力的构成要素和内在结构
三、大学生道德责任能力的生成机制

要对大学生道德责任教育的方方面面做出深入探讨，就必须先厘清两个基本问题。一是立足于社会生活实际——当下具体的社会历史条件，从关系性存在的视角来把握当代大学生道德责任教育的主要内容，即当代大学生应该具备怎样的道德素养和应当承担哪些道德责任。大学生践行道德责任需要具备怎样的道德能力？这是大学生道德责任教育的应然层面。二是从大学生道德责任教育的现状入手，分析大学生道德责任意识、道德责任践行的实际状况，理解当代大学生道德责任教育的困境，这是大学生道德责任教育的实然层面。通过实然与应然的对比，寻找差距、探求原因，并在此基础之上思考大学生道德责任教育的创新。

一、大学生道德责任的界定

马克思以其所创立的唯物史观为指导，从"不以任何人的意志为转移的社会条件"出发，以此揭示人之价值存在与价值关系，并从人之价值存在与价值关系来阐述伦理道德。社会条件——人的价值存在和价值关系——伦理道德，构成了马克思伦理思考的基本路径。由此，要探讨大学生道德责任教育的应然内容，也必须遵循这一途径。在现实的社会条件下，立足于大学生生活实践中的关系性存在，来分析和厘清大学生的道德责任。而人在社会关系中的坐标定位，又通常是以角色的形式体现出来的，一个人的角色为其构成了他的社会关系，与之相适应，人的道德责任也由此产生。从某种意义上来看，角色的本质就是人的道德责任的分配和实现，是道德责任在人与社会、人与自然、人与人之间的交接和传承。大学生作为当今社会中的特殊公民，他们的角色与责任也有其特殊性。因此，我们以大学生社会生活实践的关系性存在——角色为逻辑起点，来深入探讨大学生道德责任的具体内容。

走向责任共同体
新时代大学生道德责任意识培育研究

1. 共生性个体：当代大学生的角色特征

在当今社会，经济、政治、文化以及信息、商品、交往日益密切，人类逐渐成为密不可分的整体，成为一种共生性的存在。"自我"与"他者"之间的联系也越来越紧密，共生的特性亦成为人类生存的新常态。"自我"在这里主要指作为主体的个体和群体，包括民族、国家、人类及个人。而"他者"则既指代与"自我"交往关系中的他人、民族、国家、人类等，也包括地球上的一切自然生命形式和非生命存在形式。当前人类的这种共生状态体现在方方面面：第一，"自我"与"他者"之间的利益密切相连。伴随着全球化的进程，人类的活动空间和思维空间获得了极大扩充，人们实现了在世界范围内的普遍联系和交往。正如马克思所说，"地域性的个人为世界历史性的、经验上普遍的个人所代替"[1]。经济、政治、文化、艺术、科学的相互交流，将各种充满多元差异的生存主体日益联结，他们彼此间通过实践交往形成一种共在结构的生存态势。"世界公民""世界历史的人"等新的人类概念不断涌现。可以说，在某种程度上，当今人类正迈向全球性的利益共同体，伴随着人类共同利益的增多，人类"共生"存在的基础也得到了强化。第二，"自我"与"他者"的命运息息相关。全球化进程是一把"双刃剑"，它在使人类命运相连、获得更大利益的同时，又酝酿了因为利益不同或对立而导致利益冲突的土壤。在人类社会不断取得科学进步、人类文明程度不断提升的今天，是选择在冲突中堕落、退化和毁灭，还是寻求和平、和睦与共生，这是全人类不得不要面对的重大时代课题。由人类的密切联系所引发的各种现实问题，必须也只能依靠人与人之间的相互合作才能得到真正解决，而"共生"与"共在"意识正是解决这一问题的根本性前提。第三，"自我"与"他者"的发展相互促进。如果

---

[1] 《马克思恩格斯文集》（第1卷），人民出版社2009年版，第538页。

说在民族隔绝的时代，人们局限在狭小地域内过着自给自足的生活，没有实际的互补无碍大事，今天生活在"全球化"场域里的人们，只有在开放中，在和不同主体、不同文化的交流、碰撞中彼此相互吸纳、融合，方能增强活力，发展进步。自我封闭、与世隔绝、孤芳自赏，势必被时代淘汰。

在全球化的大背景之下，当代大学生群体也必然属于这种共生性存在的一员，共生性个体成为当代大学生的角色特征。需要说明的是，这种共生性个体并不是对传统社会里的整体性个体的回归。尽管，在传统阶级社会里的整体性个体，其所呈现的也是人与人之间的依存关系，但是这种依存更多地体现为一种"个体"对"整体"的依附，个体并没有自身独立性，而是依赖、从属和归附于整体，个体意识被吞噬在整体之中。因此，当代社会的共生性个体是对传统社会的整体性个体的超越。另外，共生性个体也并不是近代单子式个体的简单否定。如前所述，单子式个体已经不能适应当下社会的具体需求，逐渐失去它的存在根据。与此同时，应当看到单子式个体其所蕴含的个体解放和自由的意义，也并非不具有更深远的生命力。每个个体的个性的全面自由发展，不仅仅是马克思的社会理想，同样也是全人类所共同追求的终极理想，它始终融入人类发展的历史长河之中，它是人类成为共生性存在的必要条件。可见，共生性个体是对单子式个体的承接，这一承接不是简单否定，而是一种扬弃。"共生性个体所承续的人之独立性，并不是那种自我完成的、脱离关系的单子式生存状态，而是在与他人、与外部世界发生互动关系中能够做出独立选择、独创性建构的，具有本身独特价值，从而获得独立人格尊严，存在于关系之中的独立。"[①]

从年龄阶段来看，大学生通常处于18—22岁，正值人生的青年时期。处在人生青年阶段的大学生，他们既具有人的一般本质属性，也具

---

① 鲁洁：《道德教育的当代论域》，人民出版社2005年版。

有较为明显的群体分类特征。因而，大学生又是具备其自身独特性和时代特征的群体。从本质上来看，大学生群体具备两个基本的规定性，即理想性和可塑性，前者将大学生放置于时空关系中来理解，后者则将大学生同社会空间联系起来理解。

大学生是具有理想性的群体。所谓理想性，是立足于人的发展性视角，阐释了大学生之可能的特殊创造性。从大学生本身来说，他们的意识和行为对于未来存在着一种趋向性和预设性。尽管，这一特性是人的本质特性之一，但它在处于青年时期的大学生身上得到了更为集中和突出的彰显。从主观方面来看，大学生对于未来通常怀着极大热情，对于生活也总是充满激情和满怀理想；从客观情形来看，大学生也具备面向未来的条件，他们可以发现未来，可以根据自身目的和希望自觉地制订计划，做出选择和决策，并且为了实现计划而采取实际行动。大学生是未来社会建设的生力军，他们可以根据时代发展的需求，为社会的进步和发展注入新的活力。

大学生又是具有可塑性的。一方面，大学生总是属于他们的时代，大学生群体总是具有相似的身心特征的；另一方面，大学生中的每个独立的个体又表现出不同的社会属性，这种社会属性把他们划分成不同的社会群体。正是这种社会二重性，使得大学生具有极大的可塑性。这种可塑性意味着，大学生既可以在正确引导下，被塑造成为社会所需之人才，也可能由于消极、不利的社会条件，使大学生成为对社会无用甚至是危害社会之人。大学生的可塑性不但显示出其强烈的展望性和计划性特征，而且体现了大学生从童年世界向成人世界过渡的特征。大学生的过去和未来，是一种特殊的过渡状态，他们由依附走向独立，由他律走向自律，由模仿走向选择，由主观计划设想走向行动和创造，他们是由社会以外的一个世界走向社会之中的一个世界。大学时期，正处于大学生世界观、人生观、价值观形成的最重要阶段，处在人的个性和社会关系形成的十字路口。正是由于这一分界线，青年的过去与未来、经验与发展之间的不对称才显示出根本的意义。大学生的过渡性为社会塑造符合社会发展的人才、提供社会积极变革的最活跃力量提供了必要性和可能性。

如前所述，大学生群体作为共生性存在中的一员，他们必然也肩负着共生性个体作为责任主体的相关责任。同时，大学生又是具有其特殊性的群体，他们相比其他社会群体，其理想性更为突出，其可塑性更为强烈。因此，与其他社会群体相比，他们所承载角色之独特性，赋予他们的所肩负的责任也具有特殊性。相较于幼儿和中小学生来说，大学生道德责任更强调自律性。因为，从年龄上来看大学生已经成年；从心理特征上来看，大学生的自我意识相较于幼儿和中小学生已经得到相对成熟的发展；从德性认知上来看，大学生也已经达到一定的道德认知水平。因而，道德责任之于大学生来说，更强调的是内在的道德自律，而不是某种外在化、强制化的东西。相较于成年人来说，大学生道德责任则更强调其理想性和应然性。因为，大学生的成长总是指向未来的，他们的独特角色，承载了人们对未来社会的希望，承载了人们对应然世界的追求。因而，人们往往对大学生提出更高的要求，并对他们寄予更高的期望。大学生所肩负的道德责任，也更多地指向未来，指向人们理想中的那个可能的世界。

2. 实践交往：当代大学生道德责任生成的场域

如果说，大学生所属的角色特征是其道德责任产生的逻辑起点。那么，大学生在社会生活中的交往实践则成为当代大学生道德责任生成的现实场域。实践产生于人们认识世界和改造世界的活动中，正如马克思所说："实践是人的自由自觉的活动。"而人与人、人与社会、人与自然的相互关系也恰恰形成于具体的生产实践之中。可以说，没有人的实践活动，就没有人与人、人与社会、人与自然之间的各种社会关系。因为，"思想、观念、意识的产生最初是直接与人们的物质活动，与人们的

走向责任共同体
新时代大学生道德责任意识培育研究

物质交往,与现实生活的语言交织在一起的。观念、思维、人们的精神交往在这里还是人们物质关系的直接产物。表现在某一民族的政治、法律、道德宗教、形而上学等的语言中的精神生产也是这样"[1]。在现实生活中,基于人们认识世界和改造世界的需要,产生了社会分工,社会分工给人们赋予了不同的角色,并由此产生了各自的责任。要保证实践活动的有效性,就必须使参与社会实践的每一个成员都肩负起其自身的责任。分工使行为主体对自身责任的认识更为明确,从这个意义上来说,人的社会化过程,也就是人逐渐认识责任和履行责任的过程。作为行为主体的个人,其活动范围越大,责任范围就越大,责任承担也就越多。实践产生社会关系,而社会关系的存在也为责任的生成提供了客观基础。马克思在论及责任问题时曾这样说:"作为确定的人,现实的人,你就有规定,就有使命,就有任务。"[2] 由此,我们可以看出,责任具有不以个人意志为转移的客观性。责任作为客观的存在,是在人与社会之间的交往关系中生成的。

当代大学生,作为社会成员中不可分割的部分,也必然参与到人们认识世界和改造世界的实践活动之中。在大学生的实践交往活动中,也必然产生各种各样错综复杂的社会关系。在大学生的日常实践活动中,与他人、与父母或亲人形成交往关系,由此产生了大学生对他人、对家庭的责任;在大学生的学习生活实践中,与老师、同学、室友、学校形成交往关系,由此产生了大学生对师长、同学和母校的责任;在大学生的社会实践活动中,与工作者、领导者乃至自然界形成交往关系,由此生成了大学生对工作或职业责任以及对自然界和生态的责任。正是这些不同的场域中形成的各种实践交往关系,成为大学生道德责任生成的现实基础。

---

[1] 《马克思恩格斯文集》(第1卷),人民出版社2009年版,第524页。
[2] 《马克思恩格斯全集》(第3卷),人民出版社1965年版,第329页。

3. 为"他者"负责：当代大学生道德责任的内容

正如汉娜·阿伦特指出的那样："不在一个直接或间接地证明他人在场的世界里，就没有任何人的生活是可能的，甚至荒野隐士的生活也不可能。"这意味着，"自我"与"他者"的"共在"是人的根本特点，人自降生之后便进入社会，并与他人产生交往，人是一种社会交往的生命，因而，人只有在与他者的共同世界中才能经历自己的现实性。作为"共生"存在的人无法也不可能离开"他者"而单独在世界上存在。那么谁是"他者"？"他者"在大学生道德责任中又处于怎样的地位呢？

（1）何谓"他者"

在英语中，"他人"与"他者"都以"other"一词对应。但是，"他人"与"他者"的内涵却有所差异，前者表达的是具体概念，通常可以用"别人"一词替换；而后者则表达的是较为抽象的概念，它并非意指某个具体的人，而是一种指代。

黑格尔是西方哲学史上第一个发现"他者"哲学价值的人，他意识到了只有与"他者"产生关系才能达于自身，"自我"与"他者"的差异的不容忽视，"自我"从来不能孤立存在。20世纪的现象学赋予了"他者"以真正的哲学内涵，胡塞尔（E. Edmund Husserl）从现象学思考"他者"意识如何呈现的问题，其后海德格尔（Martin Heidegger）进而探讨了"自我"与"他者"如何共在，而梅洛-庞蒂（Maurece Merleau-Ponty）则从"肉身"出发探讨了"他者"问题。伽达默尔从语言学的角度来阐释言说中的"他者"；哈贝马斯则从交往关系视角解释交往关系中的"他者"。

作为与"自我"相对应的概念，"他者"是在现代西方哲学的自我反思中显现的。无论从何种角度来解释"他者"的起源，其核心依然是围绕着主体而展开的。从"他者"理论的向度来看，西方哲学关于主体性问题的变迁经历了以下三个阶段："以主体性哲学为代表的自我对他者的认识与同一阶段；以主体间性哲学为代表的自我与他者的交流与沟通阶段；以伦理主体为代表的他者对自我的超越阶段。"① 因此，"他者"这一概念有着深刻的哲学内涵。

尽管不同的哲学家在走向他者的道路上都有所建树，但是，他们往往都夸大了人类实践活动的某个侧面、某个环节，从而从绝对化的理性主体陷入其他的绝对抽象的原则之中。只有马克思的实践论立场为他者现象指明了现实的前提和基础。事实上，已有学者指出"他者"在马克思哲学的实践本体论中已露端倪。"他者"一直贯穿于马克思实践哲学发展的始终。在《1844年经济学哲学手稿》中，马克思哲学的"他者"向度得到了具体体现。在谈及异化劳动结果时，马克思批判的是将"我"与"他者"活生生割裂开来，"他者"与"我"本是有差异的统一，无数的"我"与"他者"构成了整体的关系网络，同时自身也以对方为前提存在于关系网络中，在两者的发展中"我"与"他者"是互为统一的。② 马克思实践关系论为我们理解生活实践交往中的"他者"提供了"阿基米德点"，同时，也为我们理解当代大学生道德责任的应然内容指明了现实的前提和基础。

（2）马克思实践关系论中的"他者"

马克思的实践哲学一开始就摒弃了唯我论的意识哲学，而是把人的理论建立在现实社会之上，建立在"自我"与"他者"的根本统一性之上。马克思发现，自我与他者的关系首先是现实的、实践的关系，只有从现实和实践出发，才能够真正地把握到他者的存在及其意义。人的根本规定性并不是来自主体自身，而是来自主体与客体的统一性存在，即实践。所以，人类在社会物质生产活动遭遇到他人，并且从他人那里来理解和把握自身。他人并不一定要以具体的面貌出现，他也可以表现为

---

① 孙庆斌：《他者视域中的主体性向度》，载《光明日报》，2009年8月28日，第12版。
② 冯周卓、卢德之：《实践关系视野中的"他者"》，载《求索》，2007年第8期，第159页。

工具、语言、文化等，在这些物质之中都体现着人类的社会性。马克思说道："实物是为人的存在，是人的实物存在，同时也就是人为他人的存在，是他对他人的人的关系，是人对人的社会关系。"①

实践活动中的"他者"，首先体现在人的社会活动中。正因为人的实践活动具有社会性，因而，社会之外的孤立个体是不存在的，人也只能作为与"他者"相联系的社会性共在存在着。实践使人类构建了身处其中的社会，同时也使自身成为社会人。社会中的每个个体都通过实践活动紧密联系而非孤立。马克思深刻地指出，人的本质在其"现实性"上是"一切社会关系的总和"，之所以做出这一论断是因为他发现了社会实践是个体自我的根本规定，也就是说人不是从他的自然性来理解自身，而是从其社会性来理解自身，即从他者那里来理解自身。同时，人的社会性使得每个个体都需要通过"他者"的存在才能够获得其规定性。马克思说道："人对自身的关系只有通过他对他人的关系，才成为对他来说是对象性的、现实的关系。"② 在社会关系之中，他人是自我力量的现实化和对象化，因此，"自我"的现实意义在"他者"那里，这是由人类实践活动的特性所决定的。伴随着人类实践活动，生产力的发展促使了社会分工与协作，造成了人类社会的分化，形成了社会中的个体与"他者"之间的分离。但"自我"与"他者"在其实质上并不是互相分离而是互相结合，因为他们是从实践活动中分离出来的，体现的是人类实践活动的内在的反映。事实上，"自我"只有从"他者"那里才能找寻到自身的合理规定性，反之亦然。在人类的实践活动中，"自我"与"他者"是相互规定且不可分割的。

其次，实践活动中的"他者"还体现在人的历史活动之中。社会实践把人揭示为历史的人，每个人亦是作为与历史中的"他者"共在的人。人类的实践活动不仅具有共时性的维度，也具有历时性的维度。在

---

① 《马克思恩格斯全集》（第2卷），人民出版社1965年版，第52页。
② 《马克思恩格斯文集》（第1卷），人民出版社2009年版，第165页。

走向责任共同体
新时代大学生道德责任意识培育研究

实践中,"自我"与"他者"共在于历史之中。马克思说:"人们自己创造自己的历史,但是他们并不是随心所欲地创造,并不是在他们自己选定的条件下创造,而是在直接碰到的、既定的、从过去继承下来的条件下创造。"① 在此,马克思强调历史对个体的决定作用。人总是生活在具体的生产力与生产关系中,即在具体的社会环境之中。这种生活境遇并非神灵的恩赐和突发奇想,而只能是人类物质和精神实践活动的结果。个体自生命伊始就生活在前人所构成的世界中,就是与作为历史的"他者"而共在的。

再次,实践活动中的"他者"还体现在与"类"存在的关系之中。社会实践活动揭示了人作为"类"的存在,人不是超出社会和历史的孤立自我。实践活动是人的"类"活动,个人在某时某地进行劳动时,他同时也作为社会性和历史性的人在进行生产和生活。因为,每个具体的人的实践活动总是建立在一定生产力水平基础上,并处于一定的生产关系之中。作为"类"存在的人,其内在的本性之中,蕴含着必然的"他者"。

最后,"他者"还体现在马克思的实践异化论中。异化中的"他者"是他者现象在资本主义社会中的具体表现。在《1844年经济学哲学手稿》中,马克思就已经比较深刻地论述了在资本主义社会中,"他者"的现实性存在是以异化方式存在的。马克思指出:"人同自己的劳动产品、自己的生命活动、自己的类本质相异化的直接结果就是人同人相异化。当人同自身相对立的时候,他也同他人相对立。"② 在马克思看来,在资本主义的生产关系中,人类整体地处于社会分工和私有制所造成的异化状态中。而异化即意味着人与人、自我与他者的分离和对立,"人同自身以及自然界的任何自我异化,都表现在他使自身和自然界跟另一

---

① 《马克思恩格斯文集》(第2卷),人民出版社2009年版,第470页。
② 《马克思恩格斯文集》(第1卷),人民出版社2009年版,第163页。

个与他不同的人发生的关系上"①，也就是说，"在实践的、现实的世界中，自我异化只有通过对他人的实践的、现实的关系才能表现出来"②。但马克思认为，异化现象并不是永恒的和普遍的，它具有历史性和实践性，是人类实践性活动的结果。作为异化形象的"他者"也不是永恒的，它将随着生产力不断发展和异化现象消失而改变。因此，马克思认为，"他者"问题并不仅仅是一个理论问题，更主要的是实践的问题。因为只有在实践中，"他者"才不是仅仅作为"解释"世界的一部分，而是作为"改造"世界的必然性而出现的。

因而，从马克思的实践活动理论出发，我们可以看到，无论是作为自我镜像中的"他者"、意识中的"他者"还是形而上学中的"他者"等，它们的存在都是观念性的存在，都是人类反思"他者"时候的结果。而这个结果必然地反映着现实的生存世界。这个世界为观念化的世界提供着基础。而这个世界在其现实性上就是异化的世界。从而在根本上，为"他者"的存在提供了深刻的认识论的根源。

（3）当代大学生道德责任的结构与特征

如前所述，"他者"是一个抽象性的概念，意指除"我"之外的"其他"。从实践本体论的视角出发，"他者"既指代与"自我"在实践交往中相遇的他人、民族、国家、人类等，也包括地球上的一切自然生命形式和非生命存在形式。在"自我"与"他者"共在，两者之间的实践交往日益增多、联系更加紧密的当今社会，对"他者"负责也成为当代大学生道德责任的必然向度。然而，与整体化责任强调责任整体性以及自我化责任强调责任的唯我性所不同的是，对"他者"的责任具有更为鲜明的相互性、主体间性以及共生性的特征。

第一，在实践活动中，大学生必然与"他者"建立某种联系或形成

---

① 《马克思恩格斯文集》（第1卷），人民出版社2009年版，第165页。
② 《马克思恩格斯文集》（第1卷），人民出版社2009年版，第165页。

走向责任共同体
新时代大学生道德责任意识培育研究

一定的交往关系。在这个意义上，列维纳斯所说的"伦理意味着对他者的关系，只有在与他者的关系中，才能有伦理存在的根基"[1] 是有其合理性的。正因"自我"总是处于和"他者"的关系之中，因此，但凡谈及自我的主体性就必须涉及"他者"，涉及为"他者"的责任。列维纳斯认为，正是在为"他者"负责的这种关系中，才建构起自我独特的主体性。人与人之间的伦理关系从根本上来说就是这样一种为他者负责的关系。在实践交往中，"他者"的面貌一旦出现在我面前，就意味着我要担负回应的责任。"回应"（response）一词与"责任"（responsibility）一词拥有相同的词根，这也就意味着，从根本上来说回应包含着责任的意思。对"他者"的面貌做出回应，本身就是一种责任（responsibility），因为"他者"的面貌总是显现隐含的征求和召唤的信息，我有责任对其做出一定的回应。同时，真正的回应必须是体现在我的实实在在的行动之中的，而不是一个随随便便的行为。列维纳斯坚信人类在本质上不仅是为己的，更是为他的；人类的自由与幸福体现为一种主体间的自由与幸福，只有从他者出发，人才能获得好生活。因此，列维纳斯将他者置于一种绝对优先的地位，强调为他的绝对性。尽管，列维纳斯责任理论中的为他哲学具有理想主义色彩，但我们不能不承认，这正是人们对"应然世界"的追求。伦理道德从其根本意义上来说就是旨在为人们建构起一种"理想世界"和"意义世界"，即追寻一种人们所向往的应然世界，它回答的是世界应该是怎样的问题。"道德，在消极的意义上是人的自我约束，自我规范；在积极意义上是人的自我实现，自我完善。"[2] 而人本性正是这种"实然"和"应然"两重性的有机统一，并且人之超越本性也决定了人总是通过对"应然"的追求来达到对"实然"的超越。

---

[1] Emmanuel Levinas, *Outside the Subject*, Standford University Press, 1993, p. 92.
[2] 顾智明：《论伦理本体——对马克思伦理视角的一种解读》，载《社会科学》，2003年第3期，第85页。

第二，大学生与"他者"之间体现出主体间性的特征。正因为"他者"作为无法被自我"同一化"的独立主体存在着，因而"自我"与"他者"都既作为责任主体，也作为责任客体而存在。因此，"自我"与"他者"是一种主体间性的关系，换而言之，"他者"与"自我"是一种角色互换的关系。既然，"他者"意指除我之外的"其他"，那么对"他者"而言，我必将也成为"他者"的他者。在这个意义上，我尊重他者，亦等同于使自己获得了尊重，自我也始终是处于被尊重和被重视的"他者"角色。从这个意义上说，"为他性"就是大学生的主体性的彰显，而这种为他的主体性需要大学生具备主动为"他者"承担责任的自主性与能力。正所谓能力越大，责任越大，主体性也就越强。所以，在为"他者"负责的责任形态里，人的主体性不表现为对他人的支配能力，而是体现为一种对"他者"承担责任的能力。因而，当前大学生道德责任教育就应当从培养大学生为"他者"负责的能力着手，力图实现责任教育的创新与突破。

第三，大学生与"他者"共生于责任共同体之中。正因为，大学生与"他者"之间是"我与你"的主体间性，而不是"我与他"的主客关系。这也就意味着大学生必须像对自我负责一样地对具有主体间性的"他者"负责。同样，"他者"作为责任主体也必须对大学生履行相应的责任。在主体间性的视域下，大学生与"他者"之间实际上是相互负责、互为对方负责，这种责任是在肯定"我"与"他者"的互动交往关系中实现的。为"他者"负责，探讨的重点不在于个人责任一方面，而在于个人与"他者"之间发生的相互责任关系上。同时，这种责任也并不是与群体责任对立的个人责任，或者被群体责任吞没了的个人责任，而是人与人互相负责的关系。大学生为"他者"负责不仅仅强调个体与个体之间相互负责，也强调个体与群体之间的相互负责。也就是说，大学生对实践交往中的他人、集体、家庭、社会负责，反之他人、集体、家庭、社会也相应地对大学生负有一定的责任。大学生与这些"他者"

是共在和共生于责任共同体之中，他们是相互依存、相互联系和相互负责的关系。

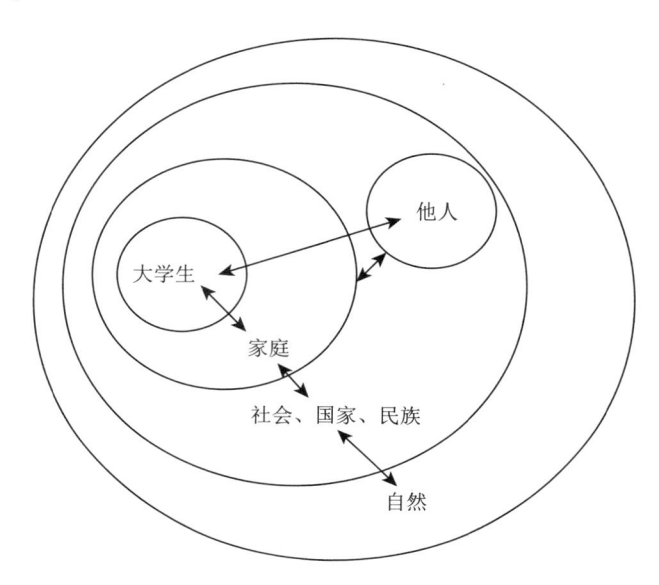

图3-1 当代大学生道德责任的结构

（4）大学生道德责任的具体内容

结合大学生生活实践的场域和"他者"的具体形式，大学生道德责任的具体内容应当包含以下几个方面。

第一，是对自我负责。个体对自我负责根本上是对自己的道德人格负责。实际生活中，很多行为在发生时，行为者并不首先出于对社会负责的考虑，而是本能地处于对自己负责的心态中，这种心态表现为关注社会道德舆论、道德评价对自我的褒贬。当一个人时刻关心自我，并因此有意识地控制和约束自己的道德行为，使其与具体的善恶相联系时，就是一个人对自我负责的表现。从这个意义上来说，对自我负责构成了为"他者"负责的前提，具体表现为"自爱、自尊、自律、自强"。

自爱，是对自我负责的前提，是对自己的身体、人格和名誉的爱惜。重视生命的存在，保护自我生命的完整是个体最基本的道德责任，每个人对自己生命爱护的原始欲望是产生责任意识的内驱力，然而当今被誉为"天之骄子"的大学生们却心理素质非常脆弱，一旦遇到挫折就想到自残，甚至自杀，近年来，时常听到高校学生跳楼自杀的新闻，这就是不自爱的表现。

自尊与自爱密切相关，是对自我在社会中的价值的承认和重视，是一种自我肯定、喜欢和热爱自我的情绪态度以及接受自我的意向。我们常说的"自信"就是自尊的表现，大学生有自信，就会积极参与社会活动，进而赢得他人尊重，转化为自尊。但是也会存在不恰当自尊的现象，例如过分以自我为中心，容不得别人对自己的批评，等等。自律，是主体自觉地按照规范要求对自己的行为进行约束，是一种深刻的理性精神，是个人道德水平较高的表现。就公交车上"让座"来说，大学生群体大都能自觉做到给有需要的人让座，就是按照"尊老爱幼、先人后己"的道德规范要求自己的。只有做到自律的人，才能更好地做到自尊、自爱，也才能成为一个有教养的人、一个高尚的人。

自爱、自尊、自律的升华即为自强，自强包含着深刻的自我批判精神，是对自我道德行为过程的批判，自强的人不满足于现状、不断向上、追求新的目标，并为此做出不懈的努力和奋斗。自强是个人对自己提出的内在要求，是一种催人奋进、完善自我的精神动力。

自我责任凭借这种积极奋进的精神而处于一种自觉的、积极的形态之中。对自身负责是大学生对家庭、他人、社会负责的前提条件和基础，如果一个人对自己都不能负责，又怎么期望他对家庭、他人、社会承担道德责任？用我国古代思想家的观点来说就是，如果不能做到"修身"，又岂能做到"齐家""治国""平天下"。大学生只有深刻体认对自身的责任，才能更好地感知自我的人生价值，进而认识到对他人、社会和家庭履行责任的重要性，激发自我完善的无穷动力。

第二，对他人的道德责任。大学生要热爱他人、尊重他人、关心他人、帮助他人，自觉履行自己的诺言。孔子云："己欲立而立人，己欲达而达人""己所不欲，勿施于人"。人是社会的人，个人能够在社会中生存，得益于人与人的相互帮助，人与人的相互依赖。每个人的生存与发展是以他人对自己的负责为基础的，是受惠于他人负责的结果。因此，每个人都有帮助他人发展的责任。伏尔泰曾说过，在雪崩时没有雪花觉得自己有责任。从心理学角度讲，这是一种责任扩散效应，在遇到需要帮助的人时，如果周围有很多人，大家可能都会怀着"我不帮忙，别人也会帮忙"的心理，即便是产生不良后果，也不会认为是自己的责任。大学生应该力求避免此类事情的发生，积极承担起对他人的责任。

大学生通过对他人责任的观察、认识，在学习过程中养成尊重、帮助他人的心理倾向；学会正确处理与他人的关系，明辨是非，使自己的认知及与他人的关系达到内外协调，实现和谐统一。在实际生活中，遇到需要帮助的人，及时伸出援助之手，即使无法帮助也不能站在弱者的对立面，"事不关己高高挂起"或者"各扫门前雪"地冷漠对待他人的事情。

第三，是对家庭负责。大学生对家庭责任的认知，就是要学会感恩，遵守孝道，尊老爱幼，对家庭承担各种责任以及有承担责任的自觉性，努力创造家庭的和谐氛围。西塞罗认为"家庭是'情感之国'，是公民政府的基础，家庭包含了一种在其他任何地方都难以找到的幸福因素"。在家庭生活中，各自的身份不同，责任也就不同，但是都是在血缘亲情的氛围中，各自扮演好自己的角色，才能将家庭构建成温馨的港湾。对家庭的责任是"小爱"，对家庭以外的责任是"大爱"，一个对自己的家庭都不愿负责任的人，又怎么愿意对整个社会和国家负责？对家庭责任的具体要求有以下几点：一是尊敬父母，了解父母。大学生要做到了解父母的精神需求，尊重父母长辈的人格和精神，满足父母的心愿。例如，在父母生日等重要节日一起庆祝，经常与父母沟通交流，完善自我，成人成才。二是满足父母的物质生活要求。大学生现阶段尚不具备奉养父母的能力，就退而转化为不浪费父母的血汗钱，不为满足个人攀比心理而奢侈浪费。三是承担建立和维护小家庭的责任。大学生将来各自建立自己的小家庭，应该了解自己在这一角色转换中所担负的责任，男女双方共同承担家庭的义务和享有权利。

我国传统儒家思想非常重视"孝""悌""慈""敬""恭"等家庭道德规范，认为家庭是道德形成的起点，家庭是一个人走向社会之前的第一个小社会，在这里，我们学习基本的人伦观念、权利与义务观念等各种规范。随着社会上家庭结构的变化，独生子女的各方面教育已成为全社会关心的问题，毋庸置疑，家长在教会孩子关心家庭、孝敬父母的过程中扮演重要角色。

第四，对国家、民族与社会负责。在现代社会里，每个人都是社会的一分子，不可能独立于社会之外。参与社会生活是人能够生存下来的前提和保障，因此必然也要遵守社会生活中的共同规则与秩序。对于社会生活中的责任要求，个人是责无旁贷，不可推卸的。因为这些社会责任是人类整体不断向前发展的保障，不履行这些责任，人类就无法长远地走下去。大学生对社会所担负的道德责任，首先是要遵守社会公德。遵守社会公德是每个公民最起码的行为准则和道德规范，维护社会公共生活正常有序地进行是社会公德的目标宗旨。大学生要助人为乐，"人人为我，我为人人"，遇难相帮，见义勇为，热心公益，遵纪守法。然而大学生的实际表现不尽如人意，仍有不足之处，大学生虽然能分辨是非，但是对社会公德的遵守尚处在他律阶段，在生活中不可避免地会出现一些不尽如人意的现象，如随意插队，破坏公物，在公共场合大声喧哗，公物私用等。其次表现为自然环境责任意识。人与自然是一体的，认为人是环境的主人，可以随意主宰自然的观点是极端错误的。然而，随着社会工业活动的发展，人类对自然环境的破坏程度已经到了不可逆转的地步。保护自然，爱护自然，与大自然和谐共处，是现代社会赋予每个人的神圣使命，根本上也是在为人类的持续发展努力。大学生要在日常生活中，自觉宣传保护自然环境的相关知识，从我做起，爱护自然环境，抵制破坏自然生态的行为，树立生态危机意识。

第五，对自然（未来的人）负责。马克思在《1844年经济学哲学手稿》中就指出："正是在改造对象世界中，人才真正地证明自己是类存在物。这种生产是人的能动的类生活。通过这种生产，自然界才表现为他的作品和他的现实。因此，劳动的对象是人的类生活的对象化：人不仅像在意识中那样在精神上使自己二重化，而且能动地、现实地使自己二重化，从而在他所创造的世界中直观自身。"[1]因为是对象性的，人既是受动的，同时又是能动的。作为自然界的一部分，人既受到自然界的制约，又能动地作用于自然界，只有在自然界和对象中实现和确证自己。人与自然的对象性关系，反映着人的自由程度。在古代，自然界作为神秘的力量支配着人，人们敬畏自然，屈从于自然；近代以来，随着人们认识自然改造自然能力的增强，人们将自然视为征服和索取的对象，对自然界大肆地掠夺和开采。这与马克思主张的人与自然是完整的统一体的观点相违背。恩格斯告诫人们："我们不要过分陶醉于我们人类对自然界的胜利，对于每一次这样的胜利，自然界都对我们进行报复，我们决不能像征服者统治异族人那样支配自然界。"[2] 基于对环境和生态问题的反思，当代社会的人们也逐渐开始全面看待人与自然的关系，开始把自然界作为与人一样的现实主体，人们开始尊重、爱护自然界，而不是把自然界作为征服和索取的对象，自然界成了属人的自然界，人与自然和谐相处。

同时，人们在现时代下对自然界的尊重和爱护，也间接地实现了在历时态中对未来子孙后代的关护与尊重。历史活动是人类实践活动中不可分割的部分，因而，自我对历史活动中的他者也肩负着责任，而这种面向未来的人的责任正是通过对自然界的尊重和关护实现的，自然界成为自我对未来的人负责的中介。

---

[1] 《马克思恩格斯文集》（第1卷），人民出版社2009年版，第165页。
[2] 《马克思恩格斯文集》（第9卷），人民出版社2009年版，第4页。

二、大学生道德责任能力的构成要素和内在结构

随着人类社会的不断进步，人们的自由程度也在不断地提高。意志自由和选择自主在当代社会的可能性也越来越大。如果说仅仅是人的意志自由决定了人们对道德责任的自觉承担，那为何在给予了人们更多自由和选择的当今社会，人们却选择放弃自由来逃避责任呢？事实上，道德责任的实现和结果的担当都需要责任主体具有相应的责任能力。一个人如果连独立生活的能力或满足自身生存需求的能力都不具备，那么他又谈何对他人负责呢？因此，我们说，道德责任是需要能力的，道德责任实质上就是道德责任能力在现实生活之中的展现。总体上来说，个体的道德责任能力又是由诸个要素的相互作用而形成的，下面我们就对这一问题做进一步的探讨。

1. 道德能力的构成要素

学界当前关于道德责任能力的理论研究并不多见，也未能形成较为权威的理论观点。但对于道德能力的研究则极为丰富，出现了关于道德能力的认知——建构理论、道德情感理论、道德领域理论等。道德责任作为道德的子范畴，因此，我们将关于道德能力的相关理论作为道德责任能力探讨的参考系。

道德能力是人们认识和理解道德规范，在面临道德问题时能够鉴别是非善恶，做出正确道德评判和道德选择并付诸行动的能力。[1] 道德认知发展理论将人对道德的理解、判断、推理和选择视为人的道德能力。美国临床心理学家赖斯特则提出了著名的"道德四要素"[2]理论。将道

---

[1] 蔡志良:《论青少年道德能力的培养》，载《教育评论》，2004年第3期，第23页。
[2] James R. Rest, Darcia Narvaez, Stephen J. Thoma, Muriel J. Bebeau, *Postconventional Moral Thinking: A Neo-Kohlbergian Approach*, Mahweh, New Jersey: Lawrence Erlbaum Associates, 1999.

德能力划分为道德知觉、道德判断、道德动机和道德品性。《中国伦理学百科全书》则将道德能力划分为"道德认识能力,指人们对客观存在的道德关系及处理这种关系的道德原则和规范进行认识的能力;道德判断能力,指人们运用道德概念对他人或自己的行为进行道德评价的能力;道德行为能力,指人们在一定道德意识支配下,自觉履行某种道德义务和选择行为的能力;道德意志能力,指人们在道德活动过程中克服困难和阻力、控制行为方面的能力"[1]。鲁洁先生则把道德能力分为道德认识能力、道德意志能力、道德控制能力和道德决策能力。[2]

通常我们认为人在道德上应当做到"知、情、意、行"四者相统一。然而,如前所述的各种道德能力理论都存在着不够完整之处。道德认识发展理论过于夸大了认知在道德行为中的作用,将道德能力简单地等同于了对于道德的思维能力,因而,是不够完整的。赖斯特的"道德四要素"理论,则关注了道德认识和道德情感两个方面,却忽视了道德判断与道德行为。罗国杰提出的道德能力结构模式,强调了道德的实践,但又将道德判断与选择能力这一重要因素遗漏。鲁洁先生则过多地将道德能力归咎于道德意识能力,认为道德能力就是道德意识功能。事实上,我们应该看到道德上的"知、情、意、行"四个要素是不可分离的,而这四要素又可划分为不同的诸个小的因素。这些是当前对于道德能力的研究难以有所定论的原因。但不可否认的是,道德认知、道德情感、道德意志和道德行为是道德能力必不可少的要素。因此,笔者会着力以这四个方面为参考,并结合道德责任的相关特征,对道德责任能力的诸要素做出厘定。

---

[1] 罗国杰主编:《中国伦理学百科全书(伦理学原理卷)》,吉林人民出版社1993年版,第308页。

[2] 鲁洁:《德育新论》,江苏教育出版社1994年版。

2. 大学生道德责任能力的内在结构

(1) 道德责任能力的构成要素

参照道德能力构成要素的相关理论，结合道德责任所具有的选择性、自律性等特征。我们将道德责任能力的构成要素划分为道德责任认知（理解）能力、道德责任判断（选择）能力、道德责任情感（意志）能力和道德责任行为（担当）能力四个方面。

所谓道德责任认知能力，是指个体对自身所应当承担的义务和责任的认识与理解。从道德责任的对象来划分，个体道德责任认知能力主要包括个体对自我道德责任，他人道德责任，家庭道德责任，国家、社会和民族的道德责任以及自然的道德责任的认识与理解。从道德责任认知能力的提升角度来看，个体所具有的道德责任知识具有基础性的作用，从这个意义上来说，苏格拉底说的"美德即知识"是具有合理性的。怀海特也曾指出"对伟大崇高的知识和判断构成道德的基础"[1]，尽管，"知识不能被直接地视作美德，但知识却是美德的基础，真的不一定就是善，但善必须以真为前提"[2]。由此可见，道德责任的认知和理解在个体道德责任能力体系中居于基础性的地位，对自身所应当承担的道德责任的认识和理解成为个体其他方面道德责任能力形成的基础性条件。

道德责任判断能力，是指个体运用道德准则对自己或他人的行为进行道德评价的能力。道德责任判断能力建立在科学的道德责任认知的基础之上，是个体运用道德责任知识对道德情境进行预测、洞察和分析，并做出合理判断的能力。道德责任判断既是价值判断，也是事实判断，但其重心应当在价值判断上。事实上，道德责任判断能力在道德责任能力的结构中居于重要地位。一方面，它是以科学、理性的道德责任认知

---

[1] 〔英〕怀海特：《教育的目的》，徐汝舟译，生活·读书·新知三联书店2002年版，第123页。

[2] 魏英敏：《新伦理学教程》，北京大学出版社1993年版，第423页。

能力为基础的；另一方面，道德责任判断也是道德选择的逻辑前提，因为，只有当某种责任主体对某种行为进行判断，并认为这一行为具有善、美或积极意义时，才能为主体的道德提供依据；相反，当责任主体判断某种行为不符合道德规范时，这种判断也会成为另一道德选择的起点。所以，道德责任判断能力总是与道德选择能力相关联，从某种程度来说，道德责任判断能力与道德责任的选择是相统一的。因为，道德责任选择总是道德主体基于道德责任判断做出的选择。

道德责任情感能力，是责任主体对于自身所肩负责任的一种体验。这种体验与道德责任的理性认知不同，它更偏向于人的感性认知方面。但道德责任情感又与一般的情感有所不同，道德责任情感所强调的是一种积极的情感回应和情感驱动，是一种从人的内心生发出的，驱使人们自觉履行道德责任的情感体验。因此，道德责任的情感更偏向于一种来自人内心的意志，而并非如爱好、快乐、喜欢等浅显的情感体验。道德情感论认为，动机与情感在个体的道德发展中具有重要作用。强烈的道德责任情感，不仅能够驱使道德主体自律承担和践履自身义务与责任，同时，还能成为主体检验自身行为是否符合道德准则的指标。道德责任主体在日常道德生活中对自己的思想、言行进行思考、省察，当他认为自身行为符合道德准则时，就会产生一种愉悦感和认同感；而当发现自身行为背离了道德准则时，就会产生内疚感和羞耻心，从而自觉约束自己的言行。

道德责任行为能力，是指个体在一定的道德意识支配和道德情感的驱使下，对自身做出的道德选择自觉践行的能力。"个体道德行为就是个体出自自己的道德意识而自觉自主选择的、涉及同他人与社会的利益关系的、能够进行善恶评价的行为。"[①] 事实上，个体道德责任行为是基于个体的自我道德责任意识而产生的行动，这种道德责任行为是个体自

---

① 唐凯麟、龙兴海：《个体道德论》，中国青年出版社1992年版，第180页。

主选择的结果。道德责任行为的基本方式就是道德实践活动的展开，而个体在具备了道德责任认知，进而通过道德责任判断进行道德选择，为使这一选择得以实现，就需要个体道德责任行为能力作为保障。由此可见，道德责任行为能力是主体在道德实践活动中的自我约束和自觉践行的能力，它是道德责任主体最终达到道德目的，实现其道德追求和道德理想的必要条件。一旦道德责任主体做出某种道德选择，就意味着相应的道德行为将产生，而这一行为的过程并不一定是一帆风顺或畅通无阻的，可能会因为各种客观或主观因素对责任主体产生影响，在这种情形之中就需要个体的道德责任行为能力来确保其行为的合道德性。

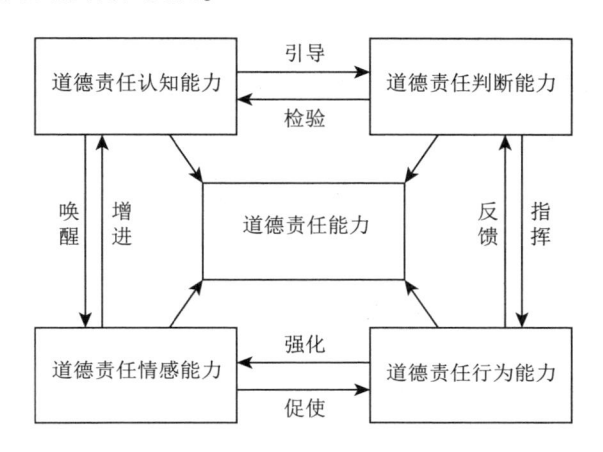

（2）大学生道德责任能力的内在结构

如前所述，道德责任能力的要素包括了道德责任认知（理解）、道德责任判断（选择）、道德责任情感（意志）和道德责任行为（担当）。由此，大学生道德责任能力的内在结构也应是由这四个方面所构成。正是基于这四个要素之间的相互联系、相互影响、相互作用促使了大学生道德责任能力的形成和发展。

图 3-2 大学生道德责任能力的内在结构

道德责任认知能力是大学生进行道德责任判断的基础，它引导大学生做出道德责任选择，同时，道德责任的判断与选择又检验道德责任认知的确证性和合理性。道德责任的认知还激发和唤醒大学生的道德责任情感，促使大学生道德责任意志的生成，而道德责任情感又增进了大学生的道德责任认知。

道德责任判断和选择指挥着大学生的道德责任行为，道德责任行为又对大学生的道德责任判断和选择形成了反馈机制。同时，大学生的道德责任情感又为道德责任的行为提供了情感保障，道德责任行为反过来又强化了大学生道德责任的情感体验。

大学生的道德责任认知、道德责任判断、道德责任情感和道德责任行为四个方面形成合力，最终促使了大学生道德责任能力的生成。

三、大学生道德责任能力的生成机制

规律，即客观事物之间的必然联系，决定着事物发展的必然趋向，它是客观存在且不以人的意志为转移的。列宁曾经深刻地指出："规律就是关系……本质的关系或者本质之间的关系。"① 可见，大学生道德责任能力的生成规律与机制，即大学生道德责任能力内在各要素之间的相互影响、相互作用和相互关系。充分认识和掌握大学生道德责任能力的形成与发展的规律，对当前大学生道德责任教育的有力实施具有重要的理论和实践指导意义。

1. 道德责任认知与道德责任行为相统一

道德责任认知在大学生道德责任能力的形成过程中，占有比较重要的地位。通常，个体的道德责任能力的形成和发展都是以道德责任认知

---

① 〔苏联〕列宁：《哲学笔记》，人民出版社1974年版，第161页。

为逻辑起点的，因而，大学生道德责任认知能力在其道德责任能力的形成过程中占据核心地位。一方面，个体的道德责任认知是从外部知识向心理要素（情感、知觉）深化的必经之路，它对心理系统的各方面发展和深化起决定作用。另一方面，道德责任认知亦是保障个体道德行为稳定性的重要因素。因为，只有在正确的道德责任认知的引导下，个体的行为才能降低随机性和偶发性，使行为本身始终朝着符合道德准则的方向发展，并保持持久的稳定性，不会轻易受到各种客观或主观因素的影响。事实上，道德责任认知在个体道德责任能力的结构中不仅仅处于基础地位，同时，也处于中间联结的地位，它能够使道德责任主体对道德准则和责任规范的零散化、片段化的认知统合、转化为稳定的道德责任观念或品质，即将个体的道德责任能力从外部教化转换为内部自我建构。

而道德责任能力又不仅仅停留在认知的层面上，其最终目的是道德责任的践行。道德责任行为是体现个体道德责任能力的终极标准，因为，无论是个体的道德责任认知、道德责任判断抑或是道德责任情感，都必须通过他的道德责任行为才能体现出来。换而言之，一个人在他没有做出道德责任践行之前，是无法说服别人认同他是一个具备道德责任认知、判断和情感的人的。而且只有当他践行了自身道德责任之后，外界才能够通过他的行为是否符合社会道德标准和责任要求，来对其进行道德评价。同时，个体在践行道德责任之后，通过接收外界反馈，又能够进一步深化其道德责任认知。

然而，在现实生活中，道德责任认知和道德责任行为也并非总是和谐统一的，也并非每一次的道德责任认知都能转化为主体的道德责任行为。事实上，在社会生活中，对于道德责任的知行脱节现象是普遍存在的，特别是青少年人群，由于其认知水平还存在着上升空间，具有不稳定性的特点，这种道德责任的知行脱节现象在这一群体身上体现得更为显著。但不可否认的是，大学生的道德责任能力正是在这种道德责任认知和道德责任行为之间的矛盾转化中逐步形成的。因此，在当前大学生道德责任教育中必须遵循大学生的群体特征，重视其道德能力过程中的知行统一问题。一方面，对大学生进行正确的道德责任认知引导，帮助大学生全面认识和理解自身的道德责任，为大学生道德责任判断能力、情感能力和行为能力的形成打下坚实基础。另一方面，要为大学生提供更多的道德责任践行的机会，使他们深切地对自身的道德责任形成"体知"，即通过实践与理论相结合，在实践中检验道德认知、深化道德认知并唤醒道德良知、激发道德情感。从而促使大学生实现道德责任的知行统一和内外统一。

2. 道德责任自律与他律相统一

自律是与他律相对的，在本质上，自律是人们对道德标准和要求的自觉遵循。顾名思义，自律是一种来自主体自身的力量，是对自我的约束、强制和规范。自律具有自觉性的特点，它依靠主体内部的认识、情感来发挥作用，是道德主体内在德性力量的根本体现。他律则意指靠外在力量来进行约束，如社会道德规范的强制作用或者是某种社会、机构的权威压制。他律在本质上是外在的，具有强制性的特点。道德心理学则将道德上的他律阶段视为个体道德能力的低级或初级阶段，而将道德的自律视为个体道德能力的高级或中级阶段。而伴随着个体的年龄、环境、受教育程度以及心理认知的发展，个体的道德能力和水平也是一个不断地从他律走向自律的过程。

在个体的道德责任能力形成过程中，他律是必不可少的阶段。正如道德心理学家皮亚杰所说："认识起因于主客体之间的相互作用。"[1] 这种相互作用则是通过同化机制和顺应机制来实现的，即"刺激输入的过程的过滤或改变叫同化，内部图式的改变以适应现实叫顺应"[2]。换而言

---

[1] 〔瑞士〕皮亚杰：《发生认识论原理》，王宪钿等译，商务印书馆1981年版，第21页。
[2] 〔瑞士〕皮亚杰：《儿童心理学》，吴福元译，商务印书馆1980年版，第7页。

之,"顺应乃是主体认识的内部建构;同化则是运用自身已有认知结构去接受、统合、改变、组织和吸收关于客体的经验"①。皮亚杰将这种同化与顺应之间所达成的平衡称为"'适应',认识的发展过程就是内化建构与外化建构相互结合的不断发展的动态平衡过程——'双重的逐步建构过程'"②。而所谓的外化建构就是一种他律,内化建构则是一种自律。个体的道德责任能力就是在这种内化和外化的双重逐步建构过程中,由他律转向自律的。

  道德责任能力的最终体现,是依靠个体的道德自律。从他律道德阶段上升到自律道德阶段,是个体成熟的标志。而且,只有个体的道德水平达到自律阶段,他才能够自觉地克服一切外在的困难和阻碍,自觉履行道德责任。因为,他律的道德责任的践行,需要依赖于外在的强制力量,而这种外在力量具有不稳定性,一旦这种强制力量削弱或是变化,个体的道德责任也很难得到践行。反之,只有具备高度的自律性,个体才能生成强烈的道德责任情感和意志,无论外部环境变化与否,都能够自觉履行自身的道德义务并对自身行为负责。由此可见,我们强调的道德责任教育是以培养在道德践行上高度自律的大学生为目的的。但同时,我们也不能忽视他律在大学生道德责任能力发展和提升过程中的作用。从这个意义上说,对大学生的道德责任教育既要重视自律,也要重视他律相统一的规律,要以自律为终极目标,而将他律视为方法、手段和必经过程,从而促进大学生的道德责任由他律向自律转化,实现自律和他律统一。

---

① 〔美〕柯尔伯格:《道德教育的哲学》,魏贤超、柯森等译,浙江教育出版社2000年版,第377页。
② 〔瑞士〕皮亚杰:《发生认识论原理》,王宪钿等译,商务印书馆1981年版,第66页。

第四章

当代大学生道德责任教育的现实图景

一、当代大学生道德责任教育的必要性与重要意义
二、当代大学生道德责任的现实审视
三、高校道德责任教育的现实困境

当代大学生应担当起为"他者"负责的责任。同时，大学生的道德责任认知、道德责任判断、道德责任情感以及道德责任行为四方面的合力共同构成了大学生的道德责任能力。大学生道德责任教育的应然状态，就是培养大学生道德责任认知能力的深化、道德责任判断能力的提升，促进大学生道德责任情感的生成并进而自觉践行为"他者"的责任。然而，在现实生活之中，大学生在道德责任方面所表现出的现状，即大学生道德责任的实然状态，又总是与其应然状态存在着一定的距离。通过社会调查和访谈来把握大学生道德责任的实然状态，有利于提出具有针对性的大学生道德责任教育的意见和建议。

一、当代大学生道德责任教育的必要性与重要意义

1. 大学生道德责任教育对社会发展有着重大意义

（1）大学生道德责任教育是顺利实现社会转型的必然要求

从当前世界的整体局势来看，人类社会正在经历大发展和大变革时期，国际格局和国际形势变幻莫测，全球化进程日益深入。在全球化的大背景之下，当今中国社会变革和转型的步伐也不断加快。近些年来，我国市场经济日益成熟，综合国力得到了不断提升，而人民的物质生活也空前繁荣，人民生活水平得到了完善与提高。与此同时，由于社会转型所引发的国内外社会思潮、价值观念也相互影响、相互激荡，致使人与人之间的相互关系、价值理念也随之发生翻天覆地的变化。"功利主义""唯我主义""绝对自由主义""享乐主义"等观念盛行，诸如舍己为人、助人为乐、恪尽职守、家庭和睦等我国传统的优秀道德观念和道德品质面临着严峻的挑战。而我国长期坚持的以马克思主义理论为指导

的社会主义精神文明建设的主流价值观对人们的价值引领也呈现出疲软之势。社会上责任缺失、道德失范的事件屡见不鲜，如"小悦悦""毒奶粉""假疫苗""毒胶囊"等事件不胜枚举，种种现象无不在拷问着当代中国人的良心与责任意识。当代中国的社会转型是社会历史发展的必然结果，其顺利完成和健康发展呼唤着人们的道德责任意识，人与人、人与集体、人与社会的有序交往同样需要道德责任的调节与保障，而人类社会的可持续发展更需要人们超越人类中心主义的狭隘去自觉履行对自然以及生态环境的责任。由此可见，道德责任教育与培养已然成为社会进步和人类发展的必然要求。

（2）加强大学生道德责任教育是构建社会主义和谐社会的内在要求

构建和谐社会，是我们党从全面建设小康社会、开创中国特色社会主义事业新局面的全局提出的一项重大任务。在构建社会主义和谐社会进程中，大学作为人才、知识和文化聚集的高地，担负着培养高素质人才、增强创新活力、培育先进文化、塑造科学精神等方面的历史使命。大学生是十分宝贵的人才资源，是民族的希望，是祖国的未来，是建设社会主义和谐社会的生力军。当前，我国正处在改革开放的关键时期，社会主义和谐社会建设的重任，需要有知识、有责任心的青年去承担。因此，应该加强对大学生的责任教育，引导帮助他们站在时代和历史发展的高度，以战略眼光来认识和增强自己的社会责任意识，更好地担当起构建社会主义和谐社会的重要职责。党的十八大明确提出，在中国共产党成立一百年时实现全面建成小康社会的宏伟目标。全面建成小康社会是我国迈向中华民族伟大复兴的新征程，全面建成小康社会需要有一个和谐、稳定、团结、友爱的社会环境做保障。当前，我国已经进入改革攻坚期和深水区，社会的和谐稳定直接影响到我国政治、经济以及文化的总体发展，尤其关系到全面建成小康社会伟大任务的完成。在这一过程中，道德责任感的弱化成为当前我国社会所面临的一个突出问题，并导致社会部分群体出现了信仰迷茫,而由此所引发的社会问题是不容小觑的,从长远来说严重阻碍了全面建成小康社会目标的顺利实现。当代大学生作为全面建成小康社会的主力军,在新情况、新问题和新机遇面前应勇于担当起应有的责任。

(3) 大学生道德责任教育是实现"中国梦"的必要保证

习近平总书记在2012年11月29日参观中国国家博物馆"复兴之路"展览时深刻地指出:"实现中华民族伟大复兴,就是中华民族近代以来最伟大的梦想。"当代大学生成长于我国改革开放时代浪潮之中,是在中国特色社会主义事业不断推进的进程中成长起来的一代,是建设中国未来社会主义建设的主力军和接班人。如今的大学生们已然成为实现"中国梦"的中流砥柱,实现中华民族的伟大复兴,实现富强、民主、文明、和谐的社会主义现代化强国的建设,这是时代赋予当代大学生的历史重任,他们责无旁贷。梦想是美丽的,它使人向往和憧憬,但梦想更应当成为现实奋斗的动力,因而,需要当代大学生不负重托,不辱使命,锐意进取,奋发成才,勇敢地肩负起时代赋予的历史重任。尽管时代的主题、社会环境与战争年代有了很大的变化,但爱国主义的主题不会改变。种种如是,都无不需要当代大学生具备高尚的道德责任情操和强烈的道德责任情感作为支撑。因此,当代大学生道德责任教育不仅仅关乎大学生自身发展和国家的现代化进程,更关乎一个古老民族的百年梦想的实现以及伟大复兴。

2. 大学生道德责任教育对大学生发展的意义

马克思、恩格斯在谈到人的一般责任时曾指出:"作为确定的人,现实的人,你就有规定,就有使命,就有任务,至于你是否认识到这一点,那都是无所谓的。"[1] 也就是说,责任体现了人的一种社会必然性,

---

[1] 《马克思恩格斯全集》(第3卷),人民出版社1965年版,第329页。

对于任何一个现实的、具体的人来说都是"不可推卸的"。人的责任,本质上是一个关系范畴,它发生于人与外部世界的现实关系中,而体现的却是人与人、人与社会的关系。如果每个大学生都培养起了对国家、社会、集体、他人以及对自己的责任心,自然也就摆正了在整个社会中的位置,身心得到健康和谐发展,并由此达到应有的思想道德境界,为将来成为德才兼备的高素质人才打下基础。

(1)大学生道德责任教育是培养社会主义合格建设者的必然要求

成长于我国改革开放的大潮流之下的当代大学生,是最具创造力和革新精神的群体,他们是我国未来建设的生力军和主力军,亦是国家未来发展的中坚力量,他们肩负着国家发展和民族振兴的任务,更担负着铸就人类未来的历史使命。因此,大学生们也必然承担着与之相应的社会责任以及道德责任。习近平在2013年五四青年节的讲话中也强调:"各级党委和政府要充分信任青年、热情关心青年、严格要求青年,为青年驰骋思想打开更浩瀚的天空,为青年实践创新搭建更广阔的舞台,为青年塑造人生提供更丰富的机会,为青年建功立业创造更有利的条件。各级领导干部要关注青年愿望、帮助青年发展、支持青年创业,做青年朋友的知心人,做青年工作的热心人。"[①] 可见,党和国家都高度重视对大学生的教育,尤其是道德教育,将大学生的责任教育、道德教育放置于关乎社会主义事业的高度上来考量。

可见,大学生在道德责任上的表现也不仅仅只关乎大学生自身成长与德性发展,更体现出一个国家和民族未来的素质与道德水准,在一定程度上反映出这个国家在未来世界范围内的竞争实力。因此,促进大学生的全面发展,引导大学生"理解责任""认同责任""坚持责任",从而铸就大学生道德责任能力以及道德责任人格生成的道德责任教育就显得尤为重要。

---

① 习近平:《在同各界优秀青年代表座谈时的讲话》,载《光明日报》,2013年5月5日。

（2）大学生道德责任教育是大学生思想政治教育中的重要内容

高校的根本任务是培养和造就德智体美全面发展的中国特色社会主义的建设者和接班人。培养大学生的社会责任感和奉献精神是高校思想政治教育工作的重中之重。当代大学生道德责任教育是高校思想政治教育体系中的重要环节，高校思想政治教育担负着对传授知识和提高大学生道德素养的双重任务。当前大学生思想政治教育的主要内容包括对大学生的价值观教育、爱国主义教育、感恩教育、理想信念教育以及法制与道德品质教育等。爱国主义教育旨在培养大学生的民族精神与时代精神，培养大学生对国家和民族的责任意识，并自觉履行对国家的义务。理想信念教育则是使大学生树立起马克思主义信仰，同时，使大学生将社会主义建设的伟大事业内化为个人的崇高理想。法制教育则是要增强大学生的法律基础知识，使大学生掌握相关的法律常识并自觉地承担起相应的法律责任与义务。道德品质教育则以培养大学生优良的道德品质为核心，其中责任感和责任心的培养是大学生道德品质教育的重中之重。综上可见，大学生思想政治教育其内容体系所围绕的重点都指向了大学生的责任意识或责任感的提升，大学生思想政治教育的实效性直接取决于大学生责任意识的高低。因此，大学生道德责任的培养已然成为当前高校思想政治教育工作者所面临的重要任务，也成为高校思想政治教育的重中之重。

二、当代大学生道德责任的现实审视

依据前文所厘定的大学生道德责任的内容与大学生道德责任能力的四要素，设计有关大学生道德责任现状调研的问卷，在西安地区选取部分高校进行调研，分析当前大学生道德责任的现状，即大学生道德责任认知情况、道德责任判断水平、道德责任情感特征和道德责任行为表现。在分析大学生道德责任现状及其形成原因的基础之上，提出大学生道德责任教育的相关政策与建议。

本次调查对象共涉及五所高校，发放问卷600份，实际回收579份，回收率97%，其中有效问卷576份。表4-1列出了调查样本的基本特征，从中可见：男性占56.8%、女性占43.2%；汉族占92.9%；本科生占81.1%、专科生占18.9%；年级从大一到大四分别占30.2%、28.5%、22.0%、19.3%，其中党员占9.0%；文科生占43.1%、理科生占56.9%。

表4-1 调查样本的基本特征

对象		人数	百分比/%
性别	男	327	56.8
	女	249	43.2
年级	大一	174	30.2
	大二	164	28.5
	大三	127	22.0
	大四	111	19.3
政治面貌	党员	51	9.0
	非党员	525	91.0
学科	文科	248	43.1
	理科	328	56.9
民族	汉族	535	92.9
	少数民族	41	7.1
学位类别	本科	467	81.1
	专科	109	18.9

1. 大学生道德责任认知发展的不平衡

如前所述，道德责任认知是道德责任主体对道德责任的主观反映，是道德责任能力形成的基础且核心的要素，一切道德责任判断和选择、道德责任情感和道德责任行为都必须以道德责任认知为基础。因此，大学生作为道德责任的主体必须对自身的道德责任拥有清醒的认识，才能在真正的社会实践中自觉践行道德责任。前文将当代大学生的道德责任界定为作为共生性个体的为"他者"负责,"他者"包括了他人、民族、国家、人类等,也包括地球上的一切自然生命形式和非生命存在形式。而大学生对自我负责则成为"他者"负责的前提。因此,大学生的道德责任可划分为对自我的道德责任,对他人的道德责任,对家庭的道德责任,对国家、社会和民族的道德责任以及对自然界和生态的道德责任。为此,笔者对大学生道德责任认知的调查从对自我,对他人,对家庭,对国家、社会和民族以及对自然界和生态的道德责任五个维度来展开。

从调查的总体结果来看,大学生道德责任认知的主流是积极向上的,这五个维度的道德责任也得到了大多数大学生的认同。但通过各维度调查数据的比较和分析,从更细微和深层的层面来看,大学生道德责任认知仍存在许多不尽如人意之处,道德责任认知发展的五个维度也不平衡,主要表现为以下两个方面。

(1) 重自我轻他人

如表4-2所示,大学生道德责任认知五个维度的认同度从高到低依次为:对自我的道德责任82.40%,对家庭的道德责任75.68%,对国家、社会和民族的道德责任65.66%,对他人的道德责任61.74%以及对自然界和生态的道德责任56.80%。

表4-2 大学生道德责任认知五维度的总体表现

维度	认同度
对自我的道德责任	82.40%
对家庭的道德责任	75.68%
对国家、社会和民族的道德责任	65.66%
对他人的道德责任	61.74%
对自然界和生态的道德责任	56.80%

由此可见,大学生对道德责任认知所关注的焦点是自我的道德责任方面,而对其他四个维度则表现出不同程度的认知不明、认知模糊甚至是认知错误。这一调查结果也从一定程度上反映了当前大学生们在社会

生活和学校生涯中的"唯我主义"倾向,重自我轻他人,重个人利益轻集体利益。在本次调查中维度四:对国家、社会和民族的道德责任中"集体利益高于个人利益,两者冲突时应当以集体利益优先"这一题项,仅有不过半数(48.6%)的大学生选择了"认同"这一选项,而36.3%的大学生则对这一问题持"中立"态度,还有15.1%的大学生对这一问题持反对意见。事实上,集体主义原则是社会主义社会处理个人与集体、个人与社会以及个人与国家之间利益冲突的根本原则,但当代大学生对这一原则的认知情况则堪忧。

大学生在对家庭的道德责任认知方面,表现出对父母长辈的尽孝、感恩具有较好的认知,但在婚恋责任方面则显得认知模糊。在对"婚姻是基于爱情的结合,而不是基于利益的结合"这一问题的回答中,有33.7%的大学生保持了中立态度,还有接近10%的大学生持反对意见。可见,大学生的婚恋责任认知也存在一定的偏差。由于当代大学生在生理和心理发育的不平衡,使得他们往往出现早恋、同居但又无力承担其行为后果的现象,在情感来临时,不能够用强大的内心和正确的态度去面对和处理,发生自己无力承担的后果时更是无法面对。事实上,以往对大学生的家庭道德责任教育方面大多强调他们对父母应当具有感恩之心,但往往忽视了大学生的婚恋责任教育,即对大学生未来的家庭教育,这是当前大学生道德责任教育应该有所改进之处。

表4-3　大学生对家庭的道德责任认知

维度三:对家庭的道德责任	认同	中立	不认同
1. 孝顺父母,尊敬长辈,时常感恩是我应该做的事情	81.1%	29.9%	
2. 结婚前我还不算真正"成人",所以家庭责任应该是婚后的事情	55.8%	18.9%	25.3%
3. 婚姻是基于爱情的结合,而不是基于利益的结合	56.8%	33.7%	9.5%
4. 应当为自己将来的子女尽父母的责任	95.6%	4.4%	
5. 回到家里,应当帮助父母做些家务劳动	89.1%	8.9%	

在对他人的道德责任认知方面，大学生普遍认同与同学之间应当团结友好、和睦相处。但在是否"应当尊重别人的正常生活习惯、尊重别人的正当选择"这一问题上，则存在差异。在调查过程中，我们请对该问题持"中立"或"不认同"态度的同学说明理由。逐项分析之后，发现其主要理由是在不妨碍我的正常生活和选择的前提之下，我可以尊重他人。可见这部分同学其道德责任认知在根本上还是聚焦于对自我利益这一方面，他们只能在自我利益得到保证的前提之下去关心和尊重他人，显然这并不符合我们对大学生对他人道德责任的要求。

而此次调查显示的大学生对自然界和生态的责任认知堪忧。调查显示，大部分大学生对低碳出行并不认同；而有接近 1/3 的同学对公益事业和环保事业持中立态度。当然，令人欣慰的是有 65.5% 的大学生认同"在景点、公园、广场游玩后，应自觉清理生活垃圾，以免污染环境"。

表 4-4　大学生对他人的道德责任认知

维度二：对他人的道德责任	认同	中立	不认同
1. 当遇到需要帮助的人时，应当主动给予帮助，无论是否认识他	58.3%	36.8%	4.9%
2. 对朋友做出承诺后，无论遇到什么困难都应当履行诺言	61.8%	36.1%	2.3%
3. 应当主动关心同学，同学之间相处应当团结和睦	85.2%	14.8%	
4. 应当尊重别人的正常生活习惯、尊重别人的正当选择（如不认同，请说明选择理由。）	57.6%	26.1%	16.3%
5. 自己不希望去做的事情也不能推给别人去做	45.8%	23.3%	31.9%

（2）重知识轻品德

尽管调查结果显示大学生对自我道德责任给予了充分的关注，但是深入分析调研数据后，发现大学生在自我道德责任认知这一个维度中也存在着不平衡的现象，即重知识吸收轻品德提升。

表 4-5　大学生对自我的道德责任认知

维度一：对自我的道德责任	认同	中立	不认同
1. 应当自觉完善自己的知识储备，认真学习专业知识	91.5%	8.5%	
2. 应当保证自己的身心健康，积极调整自我状态，不自暴自弃	85.7%	12.8%	1.5%
3. 无论遭遇怎样的困难和挫折，都应当爱惜自己的生命	78.1%	15.9%	6.0%
4. 应当自觉地按照社会习俗和社会要求来完善自身的德性和人格	76.4%	20.1%	3.5%
5. 应当树立与自身条件相符合的人生理想，无论任何情况都要坚持不放弃	80.3%	18.1%	1.6%

如表 4-5 所示，大学生对于"应当自觉完善自己的知识储备，认真学习专业知识"这一题项的认同率达到了 91.5%，是本次关于大学生道德责任认知调查问卷的所有题项中认同率最高的一项。这一方面体现了当代大学生对于知识的渴求，改革开放 40 多年来，国家和社会对于教育都给予了充分和高度的重视，科教兴国、知识强人等观念深入人心；另一方面又从侧面反映出当前我国教育的"唯科学""唯知识"化的倾向，使得大学生在重视自身知识获取的同时，忽视了对自我德性的建构。与之相对比，大学生在自我德性构建（76.4%）和爱惜生命（78.1%）两方面的认同率则要低于对于知识的获取。

总而言之，当前大学生在道德责任认知方面总体积极向上，但各方面认知的发展存在不平衡性。主要体现为重自我轻他人和重知识轻品德两个方面。可见，大学生道德责任认知还存在不尽完善之处，需要在当前的道德责任教育之中加以改进和完善。

2. 大学生道德责任判断水平有待提升

道德责任判断能力，是指个体运用道德准则对自己或他人的行为进行道德评价的能力。道德责任判断能力建立在科学的道德责任认知的基础之上，是个体运用道德责任知识对道德情境进行预测、洞察和分析，并做出合理判断的能力。道德责任判断既是价值判断，也是事实判断，但其重心应当在价值判断上。为此，我们采用科尔伯格经典的"海因兹偷药"的道德两难故事，编制了关于大学生道德责任判断的问卷，并参照科尔伯格的道德认知发展理论所提供的道德发展水平的六个阶段[1]，设立六个关于道德责任判断的选项，并分别对应科尔伯格道德阶段理论中的某一阶段。按照科尔伯格的理论，当人的年龄满 16 岁之后，其道德水平可以达到第五阶段和第六阶段，因此，本书将通过调查来分析当前大学生道德责任判断水平是否符合这两个阶段的特征。

总体来看，大学生的道德责任判断水平表现欠缺。按照科尔伯格的道德认知发展阶段理论，16 岁之后人的道德水平可以达到第五阶段和第六阶段，即过渡阶段和普遍伦理原则阶段，调查结果显示仅有 1/3 的大学生达到了这一阶段的水平。如表 4-6 所示，大学生道德责任判断总体水平居于第三阶段和第四阶段，也就是停留在遵从阶段和外部定向阶段。由此可见，大学生的道德判断水平和发展水平仍停留在外在的他律阶段。

表 4-6 大学生道德责任判断总体表现

选项	人数	百分比/%
A	13	2.26
B	15	2.60
C	164	28.47

---

[1] 科尔伯格道德认知发展阶段理论，第一阶段：惩罚与服从。目的是回避惩罚。如果别人利益与个人利益不容，就不考虑别人利益。第二阶段：个人主义的道德。行为动机往往为了得到奖励或表扬，而不管可能带来的不良后果。不能深刻体验到别人的不赞成或批评意见。第三阶段：遵从阶段。行为之前能想到别人的不同意见。对自己行为的评价取决于集体中大家的意见。第四阶段：外部定向阶段。行为努力免遭社会上的谴责。能认识到义务和权利，承认由于未很好地履行义务造成的过失。第五阶段：过渡阶段。行为努力维护自尊，能够进行自我评价。加入他们想避免别人说自己是个不讲理和不实事求是的人，他们就愿意做出妥协。第六阶段：普遍伦理原则阶段。行为力求合乎社会道德原则，坚信每个社会成员都应该遵守社会规则和要求。

(续表)

选项	人数	百分比/%
D	211	36.63
E	124	21.53
F	49	8.51

表4-7显示,从男女生对比的情况来看,男生的道德判断水平要略高于女生。

表4-7 不同性别的大学生道德责任判断水平现状

选项	性别	人数	百分比/%
A	男	5	1.52
	女	8	3.21
B	男	11	3.36
	女	4	1.61
C	男	100	30.58
	女	64	25.70
D	男	126	38.53
	女	85	34.13
E	男	60	18.35
	女	64	25.70
F	男	25	7.65
	女	24	9.64

而从表4-8来看,大学生道德责任判断水平从高到低依次排序为大四、大三、大二和大一。可见,随着年龄的增加,受教育程度的加深,大学生的道德判断水平也呈逐步提升的趋势。

表4-8 不同年级的大学生道德责任判断水平现状

选项	年级	人数	百分比/%
A	大一	9	5.17
	大二	3	1.83
	大三	1	0.79
	大四	0	0
B	大一	3	1.72
	大二	3	1.83
	大三	4	3.15
	大四	5	4.50
C	大一	51	29.31
	大二	52	31.71
	大三	31	24.41
	大四	30	27.03
D	大一	54	31.03
	大二	61	37.20
	大三	57	44.89
	大四	39	35.14
E	大一	32	18.39
	大二	33	20.12
	大三	27	21.26
	大四	32	28.83
F	大一	25	14.37
	大二	12	7.32
	大三	7	5.51
	大四	5	4.51

由此可见，大学生的道德责任判断能力还有待提升。在大学生道德责任教育实施过程中，应当创设情境，通过设置道德两难问题，训练学生的道德思维能力，拓展学生的道德选择和判断经验。使学生通过对道

德情境的体验与感悟，对不同的道德责任及其价值进行甄别，从而提升大学生的道德选择能力和责任判断能力。事实上，道德责任判断能力本身就是与个体的生活体验和道德经验密不可分的。因此，在道德责任教育过程之中，应当注重为学生创设相应的道德情境，使学生能够通过道德实践不断地积累道德判断的经验，从而促使其道德责任判断能力及水平的提升。

3. 大学生道德责任情感的被动与波动

道德责任情感是个体对道德责任产生的一种态度体验。道德责任情感是对道德责任认知的进一步深化，体现为道德责任主体对待道德责任的一种内心体验，同时，也反映出了主体是否能够自觉践行道德责任的意愿和态度。只在有强烈而积极的道德责任情感的推动下，道德责任主体才能够经由心理的强大推动力使道德责任得到履行。当一个人的内心体验与道德责任要求产生共鸣时，才能升华为主体的道德责任意志，进而自觉履行道德责任。列宁曾经深刻地指出："没有'人的感情'，就从来没有也不可能有人对于真理的追求。"[1] 大学生的道德责任情感直接反映了大学生对其自身肩负的道德责任的直观心理体验。然而，当代大学生的道德责任情感容易受到各种因素的影响，存在诸多不稳定的因素。大学生道德责任情感淡薄的现象屡见不鲜，道德责任"冷漠""被动""波动"都成为大学生道德责任情感所不能忽视的问题。因此，本书通过对在校的部分大学生采取随机访谈的形式，对他们的道德责任情感进行描述，通过访谈结果的分析，发现当前大学生道德责任情感的问题主要表现在以下几个方面。

（1）大学生道德责任情感的被动

我们以"对国家的道德责任情感"为例，对部分大学生进行了访

---

[1]《列宁全集》（第25卷），人民出版社1998年版，第117页。

谈。通过访谈分析，发现大学生对国家的道德责任情感普遍表现出"被动爱国"情绪。一方面，当问及"对国家经济发展和富强你是否感到由衷自豪，并认为你有责任对国家的发展做出贡献时"，大多数同学的回答，表现出"淡定"，同时，许多同学还认为，国家改革开放40多年，尽管经济发展了，物质丰富了，但是精神文明和文化建设反而落后了，他们并不为国家的这些问题感到自豪。另一方面，当问及"对钓鱼岛事件，你感到愤慨吗？维护国家领土统一，不受别国侵犯，是你义不容辞的义务吗？"对这一问题的回答，多数同学都表现出"愤慨""愤怒"，也表达出会"愿意为维护国家统一出一份力"。同样是对待国家，对两个问题的结果所反映的大学生道德责任态度却截然相反。

事实上，仔细分析我们发现，大多数大学生对于"国家领土统一""国际社会对祖国的评价""自然灾害"等问题体现出较高水平的道德责任情感，而对于"国家政策""经济发展"等方面的问题则体现得较为冷漠。总总如是，都反映出当代大学生在道德责任情感上的被动特点。当奥运火炬在国外传递受阻、当别国挑衅国家领土受到威胁、当自然灾害来临看到同胞受难，这些外在的刺激使得大学生道德责任情感得以激发。然而，这种对祖国的爱国之心、对领土的维护之情、对他人的关怀之意，都是建立在对外在刺激的反应之上的。一旦这种外在刺激被撤销，这种所谓的道德情怀也就会逐渐消退。从历史上来看，国人往往在民族危难、大敌当前时能够同仇敌忾，众志成城，仿佛拥有了巨大而无穷的力量，而一旦没有这种外在威胁或苦难时，这种巨大力量就仿佛荡然无存了。这样的一种情感，只能算作人的一种本能反应，它是一种被动的需要外在刺激的情感，我们很难将其与道德责任这种自律、自发、自觉的高尚的道德情感画上等号。

（2）大学生道德责任情感的波动

大学生道德责任情感还体现出波动性的特点。在访谈时，大多数同学都表达了他们具备爱国之情。但当问及"国家利益和个人利益出现冲突时，应当如何处理？"时，大部分同学表示会以"个人前途利益为重"，问及原因，他们的回答是"只有把自我发展好了，才能在将来为国家做出更多的贡献"。这些都体现出当代大学生具备一定的道德责任认知，但是道德责任情感则比较淡薄，道德责任的意志较为缺乏。同时，也体现出大学生在处理个人与社会关系的问题时，往往以个人为中心，体现出"个人主义""唯我主义"的倾向，使得他们重个人轻集体和国家。他们不能将个人的发展与社会发展有机结合，正是因为如此，大学生的道德责任情感才会出现"冷漠"。

事实上，道德责任情感应当是一种内源性的情感。它不能只是因为受到外界的某种刺激才被激发出来的东西，而应当是人的自由意志的集中体现。正如弗洛姆所说："爱是一种追索。一般来说，可以用首先是一种给予而不是索取，来描述爱的特征。"可见，弗洛姆所强调的正是一种积极的、主动的内源性的神圣情感，这才是道德责任情感所应当具备的特征。道德责任情感是一种自足的、内在的情感，它是个人力量的一种体现。通过访谈，我们发现当前部分大学生的道德责任情感与这种积极的、主动的内源性的情感还有相当的距离，他们对待道德责任时表现出情绪的波动和情感的被动，这需要我们不断在道德责任教育过程中，通过正确的引导来激发大学生崇高的道德责任情感。

4. 大学生道德责任行为的承担与失落

道德责任行为能力，是指个体在一定的道德意识支配和道德情感的驱使下，对自身做出的道德选择自觉践行的能力。道德责任行为的基本方式就是道德实践活动的展开，而个体在具备了道德责任认知，进而通过道德责任判断进行道德选择，为使这一选择得以实现，就需要个体道德责任行为能力作为保障。由此可见，道德责任行为能力是主体在道德实践活动中的自我约束和自觉践行的能力，它是道德责任主体最终达到道德目的，实现其道德追求和道德理想的必要条件。一旦道德责任主体做出某种道德选择，就意味着相应的道德行为将产生，而这一行为的过程并不一定是一帆风顺或畅通无阻的，可能会因为各种客观或主观因素对责任主体产生影响，在这种情形之中就需要个体的道德责任行为能力来确保其行为的合道德性。

因此，本书在对大量文献和中央有关文件综合分析的基础上，依据不同的社会化场合，将大学生道德责任行为划分为社会公德行为、学校道德行为规范、家庭美德行为和自我人格修养。社会公德行为包括：热爱祖国、文明礼貌、诚实守信、遵纪守法；爱护公物、讲究卫生、保护环境、遵守秩序；学校道德行为规范包括：团结友爱、互相帮助、尊重他人、善于合作；家庭美德行为包括：孝敬父母、尊老爱幼、勤俭节约、热爱劳动；自我人格修养包括：胸怀开阔、心理健康、勤奋自立、勇于创新。共设计了20道题目，每个题目选项从"完全做到""能够做到""偶尔做到""较少做到""从未做到"五等级量分法赋值，最高为5分，最低为1分，分数越高表明该维度行为表现越佳，反之则表现越差。

从总体来看，接受本次调查的大学生道德责任行为表现普遍较好，但各项指标的发展水平则有所差异。如图4-1所示，当前大学生的道德责任行为四个维度的得分值都介于3.0—3.5分。其中，在践行学校

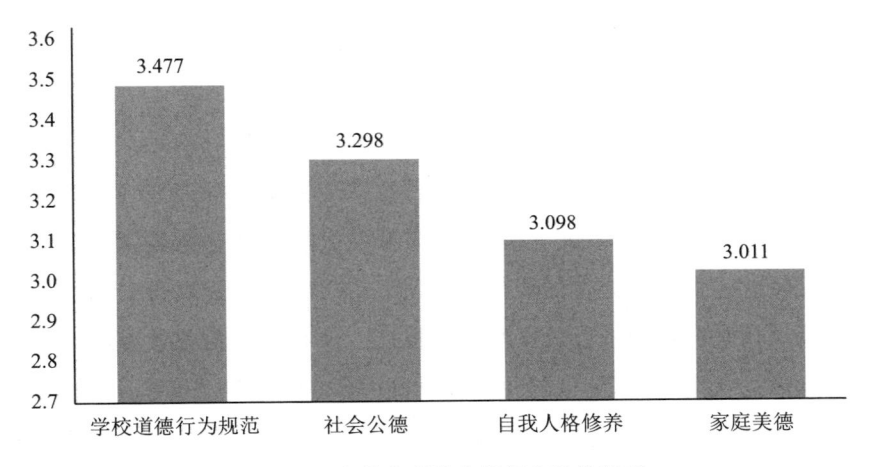

图4-1 大学生道德责任行为整体表现

道德行为规范方面得分最高，为 3.477 分，其次是社会公德行为方面，为 3.298 分，而自我人格修养方面得分为 3.098 分，得分最低的为践行家庭美德方面，为 3.011 分。但整体来看，大学生的道德责任行为调查得分处中偏上水平。

但不容忽视的是，调查结果同样显示，大学生道德责任行为各维度之间也表现出发展水平的矛盾性和不平衡性。在四个维度的道德责任行为具体表现中，在社会公德行为维度方面看出大学生们普遍表现出了较高的水平，尤其在"热爱祖国"这项达到平均分 3.8 分以上。这说明，大学生在对国家的责任方面体现出了较高的践行水平，体现出了大学生道德责任行为有所担当。另外，在践行"保护环境、讲究卫生、诚实守信、遵守秩序"等道德责任方面则表现较差，得分均在 2.2—2.8 分，而"诚实守信"项则得分最低，可见大学生们在诚信责任方面的践行表现出了道德责任行为的失落。在学校道德行为规范维度方面，"团结友爱、互相帮助、善于合作"项表现较好，得分也都在 3.2 分左右，但"尊重他人"项得分在 2.6 分以下，表现较差；在家庭美德维度方面，"勤俭节约、热爱劳动"项得分在 2.6 分以下，表现较差；在自我人格修养维度方面的各项道德行为表现良好。

道德责任行为是衡量大学生道德责任能力的重要指标。责任主体只有通过道德责任行为才能体现他道德责任能力的其他方面。大学生在道德责任行为中体现出的担当与失落的矛盾特性，直接反映出大学生道德责任能力还需要进一步提升。当然，还有部分大学生存在对道德责任的"知行不一"现象，即在道德责任认知方面表现良好，也具备一定的道德责任情感，但在道德责任践行方面则显得乏力。在面对自身道德责任时，其道德责任行为带有偶发性、随意性、外在性和盲目性等特点。例如有部分大学生能够意识到全面发展对自身的重要性，也厘清了相应的目标和理想，但是却总是缺少把目标与理想付诸实践行动的勇气和自觉性。而在对家庭的道德责任践行上，一部分大学生也对中国传统"孝"

文化表示认同，也认为应当孝顺父母、感恩回馈，但往往回到父母身边时，又变成了"衣来伸手饭来张口"的"小孩子"，在面对责任践行时，他们往往选择退缩或逃避，对于父母的感恩多流于形式而少有实际行为。根据一项调查显示，在如何看待当今世界流行的新自由主义思潮方面，有28.55%的大学生认为这是资本主义意识形态与价值观念的泛滥，应该坚决抵制，有52.81%的大学生认为是符合当今世界发展趋势的一种理论，应该大力推广，另有16.99%的大学生认为这种思潮与我无关，不必去关注。又如"如果路遇老人摔倒，你认为怎样做最好？"在大学生组，有63.38%的大学生会主动上前搀扶，另有3.26%的大学生视而不见，直接走人。在关于在公共汽车上看到老人、小孩、孕妇或残疾人让座方面，有96.70%的大学生会主动让座，而有1.26%的大学生装作没看见。

综上所述，大学生道德责任践行方面表现出了诸多的积极因素，尤其是在履行对国家的责任方面，体现出了大学生较高的责任行为水平。但不能忽视的是，通过本次调研数据和援引的其他文献的数据，两组数据都有一个共同的指向，即仍有相当一部分大学生存在着道德责任行为失范和道德责任践行失落的现象，这种行为失范和践行失落则集中体现在大学生的社会公共生活和个人诚信建设方面。因此，在大学生道德责任教育中，应当为大学生创设更好的道德责任实践平台，使他们能够在体验责任践行的过程之中，加深道德责任认知和情感，促进大学生道德责任能力的全面提升。

三、高校道德责任教育的现实困境

1. 社会转型的震荡：宏观层面之困境

（1）市场经济与物化逻辑

改革开放以来，随着市场经济的发展，促进了人们的思想观念的重

走向责任共同体
新时代大学生道德责任意识培育研究

大变革。经济的飞速发展,满足了人们的物质需求,极大丰富了人们的物质生活,提升了人们的物质享受。然而,市场经济在改变了人们的生存方式的同时,也促使了人们价值观、道德观、责任观的改变与异化。

  市场经济下的物化逻辑使人们将追求自我利益的最大化视为自身合理的生存方式。合理限度内的自利性是具有其合理性的,但如果将自利作为人所追寻的终极的价值则必然无法得到社会认同。市场经济的机制中,无处不渗透着对利益最大化的无限追逐。"把自己当作手段,或者说当作提供服务的人,只不过是当作使自己成为自我目的、使自己占支配地位和主宰地位的手段;……是自私利益,并没有更高的东西要去实现;另一个人也被承认并被理解为同样是实现其自私利益的人,因此双方都知道,共同利益恰恰只存在于双方,多方以及存在于各方的独立之中,共同利益就是自私利益的交换。一般利益就是各种自私利益的一般性。"[1] 受到当前我国社会转型过程中,市场经济的趋利性的鼓舞。人们以"自我"为中心,追求和满足自我利益的最大化。在社会机制的大背景下,人的自利动机被激发,道德的约束和社会责任感日渐式微。

  当前,一部分社会权力、资源、利益分配不公的情况导致越来越多的人形成利益至上的错误意识,权钱高于一切的思想极度蔓延膨胀,在这种消极的大环境下,一些大学生的思想受到了很多的负面影响,价值观发生扭曲,认为"干得好不如嫁得好""学好数理化,不如有个好爸爸"。一些大学生在社会的激烈竞争中遭受了种种不公平对待后,不能及时调整自身心理状态,思想道德观念发生了扭曲,也开始用之前自己所不齿的方式对待他人。不劳而获、一夜暴富、挥金如土被大学生当作梦寐以求的"幸福目标",在这种情况下,一旦他们放松警惕,被这种错误的精神鼓动,将失去做出正确选择的能力,走上错误的人生道路。久而久之,违法违规的错误行为也一定会在他们身上发生,给社会和家

---
[1] 《马克思恩格斯全集》(第46卷上),人民出版社1979年版,第196—197页。

庭带来不可弥补的伤痛。

(2) 唯科学的社会生活

随着科学主义的兴起,当今社会生活中的各个领域都体现出明显的科学化特征。这种唯科学的倾向,不仅仅体现在自然科学研究领域,同时也体现在包括哲学、人文科学以及社会科学在内的一切研究领域之中。科学的本质特征结合着进步主义,在追逐利益最大化的过程中最终形成当代社会的理性根基——工具理性。

就科学的实证特性而言,社会生活的唯科学化,意味着在人们的生活中排斥与价值和意义相关的问题。而价值与意义等问题,恰恰是人作为责任主体的彰显。唯科学化的社会生活使得作为责任主体的人之特性被科学性消解。如此一来,人就变成社会化大生产中的工具化活动的某个零部件,"作为对象的人已经被简化为纯粹的、无质的规定性的量度,因而也就失去了他们的独特性。他们早已被非人化"[1]。科学化全面渗透于当代社会生活的各个领域,人亦成为一种"量化"的存在,人类生活的图景被描绘成一幅由科学构造成的知识体系。责任的生成与知识的生成同一化,责任教育亦被当作关于"责任知识"的传授。无视学生情感和意义世界的"唯科学""唯知识"化的责任教育,必然无法使学生从内心生出对责任的认同之情,亦无法帮助学生构建理想意义的德性世界。

(3) 全球化进程中的价值观冲突

随着改革开放的深入,当今中国呈现出一种思想多元化的形态,整个社会由传统的同质社会变成了异质的多元社会。在这样的时代背景下,大学校园也从曾经的"象牙塔"演变为充满利益和机会的场域。同时,西方功利主义、自由主义、自我中心主义等价值观也对我国的主流

---

[1] 〔英〕齐格蒙·鲍曼:《现代性与大屠杀》,杨渝东、史建华译,译林出版社2002年版,第137页。

价值观产生了极大的冲击。由此，大学生价值观不可避免地受到这些价值观冲突的影响，削弱了他们对主导价值的认同。随着社会发展的变化，社会群体、利益分配的差别和价值观念的多元化，人们的伦理精神也产生了很大的变化，人们承担责任的能力和自觉性也有所下降，各式各样的不道德现象对人们的传统道德约束提出了挑战。例如，职业道德感削弱，行业不正之风盛行，以权谋私、假公济私现象屡见不鲜，这都已成为败坏社会风气的社会公害；在商业领域中唯利是图、为富不仁的现象时有发生，以诈骗等不法手段牟取暴利的行为也不胜枚举；家庭婚姻方面的婚外情、一夜情、形式夫妻等失范行为往往受到社会舆论一定程度上的包容；甚至许多旧社会的丑恶现象，如嫖娼、吸毒、赌博、拐卖妇女儿童等又沉渣泛起，死灰复燃，严重危害了社会生活和个人生活，并造成了恶劣的影响。

社会中的不良现象，削弱了大学生对社会主导价值观念的认同，这直接导致了大学生价值观念的分化。大学生群体中个体本位观念和为己观念盛行，在对待责任问题的态度上则表现为，重个人责任，轻集体与社会责任，甚至将个人与社会对立起来。大学生道德责任意识日趋淡薄，最终导致道德责任行为的失范。部分大学生的道德行为，与社会生活道德要求完全不符，甚至背道而驰，表现出社会责任感弱化，如重私利而轻公利，缺少社会主人翁精神；家庭责任观念淡薄，只愿享受家人付出的爱与照顾，不愿承担家庭的责任，只愿过养尊处优的生活，不愿为家庭辛苦付出；自我责任意识呈现出以自我为中心，以个人利益为前提的特点；在与他人关系方面，容易夸大与他人的矛盾冲突，不能与他人和谐友好相处，欠缺对与他人的相互依存关系的认识；等等。

2. 高校责任教育的局限：中观层面之困境

（1）责任教育理念的局限

长期以来，高校德育包括责任教育都是立足于社会本位价值取向的，以培养符合国家、社会所需要的人才为终极理念。这样的一种责任教育理念，必然导致责任教育的工具化倾向。教育的目的是"教育工作者的出发点和最终目标，也是确定教育内容、选择教育方法、检查和评价教育效果的依据"①。可见教育的目的对教育形态起着决定性的作用，有什么样的教育目的，就有什么样的教育形态。责任教育是高校德育的重要组成部分，是教育目的在德育方面的具体要求。1993年中共中央、国务院颁布的《中国教育改革和发展纲要》提出，"教育必须为社会主义现代化建设，必须与生成劳动相结合，培养德、智、体全面发展的建设者和接班人"。因而，依据这一政策，高校责任教育必然将其目的规定为：依据社会主义现代化建设与经济发展的要求，培养受教育者具有建设者和接班人要求的道德品质。尽管，责任教育自提出以来就被认为是高校德育的重中之重，但这种看重很大程度是基于培养符合社会主义现代化建设的"工具人"和 适应国家经济发展的"经济人"。"过去，我们一直着眼于德育为社会制度的巩固、发展，为社会整体关系的协调服务。"② 因此，责任作为德育所要培养的各种思想品质之一，也要遵循这一思路，即从社会的需要来规定每个个体的责任。在一定的历史条件下，这可能不是一种错误或偏差。当社会的发展还没有达到它的高级阶段时，当类与个体尚未实现其高度统一时，社会的需要经常要被作为第一性的需要，而且这种社会需要又往往是与个人的需要存在矛盾的。在奴隶制和封建制社会中，个体的需要和它的丰富性遭到无情的压抑和摧残，个体的价值普遍遭到忽视；在资本主义社会中，少数人的个性全面发展又剥夺了多数人的全面发展；社会主义社会虽然以满足多方面需要为其发展的目标，但当它处于初级阶段时，仍不免经常要以牺牲个人的某些需要和发展为代价来换取社会的发展。这也就是说，德育在个人关系领域内功能的发挥，不能不受社会历史发展的限制。因而，在一定

---

① 《中国大百科全书·教育》，中国大百科全书出版社1985年版，第172页
② 鲁洁：《道德教育的当代论域》，人民出版社2005年版，第198页。

走向责任共同体
新时代大学生道德责任意识培育研究

历史时期内,我们强调德育的社会功能,强调责任教育要为社会服务是具备合理性的。

随着社会的发展,我国目前已处于社会主义社会初级阶段,它与以往各种社会存在着根本区别。以新科技革命为背景的时代为满足人的各种物质和精神需要提供了可能。同时,当前的社会改革又以个体觉醒为其条件。基于上述,我们都不得不对德育的功能以及责任教育的价值取向做出新的衡量。德育是否应当在协调个人的关系方面,尤其是在协调个人的自我关系方面更多地发挥它的作用?[①] 也就是说通过德育,不仅促使社会发展、进步,而且使得个性得到充分发展,个体获得自我实现的满足,得到精神上的愉悦和享受,主体意识得到积极发挥。如果德育仍只关注其社会功能的实现,将受教育者视为推进社会发展的工具,教育旨在将人培养成维持社会"大机器"运转的零部件,那么我们的教育最终培育出来的必定是"片面的人""工具性的人""单向度的人"。只有当德育在个人关系领域内充分发挥它的功能,德育才不是把人作为工具来培养,而是作为目的来培养,德育才具有了它原本应有的本质的意义。[②] 这样的责任教育才是符合马克思对人的本质的规定的。

既然学校德育将培养推进社会主义现代化和经济建设服务的人作为目的,这便意味着人的行动、思维都受制于社会和经济的发展,要受其指挥。在这样的背景下,受教育者的工具性价值被扩大,受教育者失去了主动选择的权利,成为教育者依据一定标准进行加工的对象,受教育者被工具化、对象化、客体化。人被当作对象和客体来看待,德育失去培养自由而全面人的本真特性,成为为经济、政治服务的工具。马克思主义认为,人既是主体又是客体,人在实践中实现自身主客体的统一。因此,人是受动与能动的统一。然而,工具理性主导下的责任教育,使受教育者丧失了作为人应有的主体性和能动性,成为被动接受知识的对

[①] 鲁洁:《道德教育的当代论域》,人民出版社2005年版,第198页。
[②] 鲁洁:《道德教育的当代论域》,人民出版社2005年版,第198页。

象。这样的责任教育只发展了受教育者受动性的一面,却忽视了受教育者作为人的本质之一的主动性。事实上,责任教育之"责任"的承担和履行,正是需要受教育者在责任认知基础上发挥自身能动性,对责任知识产生情感共鸣和内心认同,才能将之付诸实践。压抑了受教育者能动性的责任教育,必将与这一根本目的相背离,其结果也一定是"知行脱节"。

(2) 责任教育内容的局限

高校责任教育陷入困境的一个重要因素,便是责任教育内容缺乏创新性和先进性。一方面,将责任教育简单等同于"责任知识"的传授。学生在责任教育过程中变成了对"实用"规范的接受对象。另一方面,高校责任教育过分重视学生的责任认知,即学生对责任规范的知晓情况。尽管,责任教育是以提高责任认知为开端,责任认知亦被视作责任行为的基础,但我们并不能就此反推出责任行为完全依靠责任认知。事实上,责任的履行不仅仅依靠责任认知,更要依赖责任主体对责任品格的意义理解、内化和情感认同。责任教育应当逐渐地更多考虑如何促进个体将外在的责任规范进行理解和内化,从而自觉地构建其德性世界,在精神上获得自我发展,自我完满、完善。因此,将责任教育简单地等同于责任知识的教授,是不符合学生道德心理发展规律的。这样的责任教育也必然会陷入困境之中。

高校责任教育缺乏针对性和差异性,教育内容呈现为"单一"的规则。我国的责任教育在幼儿教育阶段就对儿童进行自我责任、家庭责任、职业责任和社会责任的教育,而在高等教育阶段还依然做同样的教育。这必然造成教育对象对责任教育内容的耐受性和逆反心理。"责任教育内容不具有对当代大学生这一特定教育对象的明确针对性,是责任教育实效缺失的重要因素。"[1] 生物科学已经证实,人对已经习惯了的刺

---

[1] 李洁:《论大学生责任教育的实施》,载《教育评论》,2005年第5期,第24页。

激将不再做出反应。人们研究脑组织发现，当环境中出现新异刺激时，这些细胞才会活动起来。这一论断在道德心理学领域也同样得到了证实。瑞士心理学家皮亚杰发现，人的道德水平是随着年龄增长而从他律向自律转变的。七岁以后的儿童就开始形成一种"主观责任"，即主要根据责任的行为动机意向来评价行为的观念。大学生与幼儿及中小学生的认知发展水平已经有所不同，大学生责任教育要较之小、中学生的责任教育应各有侧重。因此，大学生责任教育内容不能再拘泥于传统的教学内容和方式，而应有所创新。教育者要循序渐进地提高大学生的责任认知水平，逐步实现道德责任规范客体向主体的转化。大学责任教育比中、小学责任教育的任务更为艰巨，大学生已形成了不良的道德品质，夹杂着不正确的责任认知。大学生具有走向社会的过渡性、适应社会的继承性、改造社会的开拓性，思维的独立性和批判性大大增强，抽象思维、逻辑思维能力迅速发展。这要求教育者的教育影响既要有强烈的针对性，又要有一定的理论深度。

（3）责任教育方式的局限

当前高校责任教育并未能完全摆脱以往理论教育的灌输模式。高校责任教育长期受西方传统德育将美德"教"给学生和我国理论教育的"灌输"模式的影响。传统道德教育其旨趣在于强调培养具有某种美德的人，性质上是强制、灌输和被动的。它所要培养的是循规蹈矩、被动服从"他律"的人。尽管，传统道德教育也强调理智在道德教育和个体道德发展中的作用，但这种理智仅仅限于学生对具体道德知识的汲取和记忆，而排除了个体在做出道德决定和判断时审慎的、理智的思考；它轻视个体在道德教育和自我道德发展中的意义世界建构和自由选择。在这样的教学关系中，教师作为权威的代理，主宰学生的行为，教师与学生形成的是管理者与被管理者、规约与服从的关系。这种道德教育虽然在管理学生的行为，使学生简单地服从某种社会权威方面有一定作用，但它却不能在儿童心目中确立某种坚定的道德信仰，更不能发展起实际的道德选择能力和为自己的选择"负责"的态度。① 传统道德教育模式下的责任教育，无法实现学生对道德的自主选择与价值的体认，其所践行的只是外在的迫不得已的道德规范，学生因此也不可能对自己的道德行为真正"负责"，"责任"的基础被抽掉了。在传统的道德教育方式下，学生变成了客体，丧失了自身的主体性和能动性，变成了接受"美德"的"容器"。

在学校，学生的选择都是教师为学生做出的，教师将学生的自主性抛置脑后，学生因此也养成了被动性接受的特点。但是这样培养出来的学生是缺乏主体性和责任心的，因为学生会认为"谁做决定，谁就承担责任"。这种忽视主体意识的教育不可能培养出真正的责任者。教育的过程是一个积极互动的过程，靠强制的方式是不可能取得好的教育效果，培养出具有健全人格的学生的。在学校活动中，学生们大多被动接受，很少主动参与，这样不可能将所学的道德知识外化为道德行为。教师应该从统治者的角色中走出来，成为学生道德责任意识发展的积极的引航者和激励者。教师要采取多种方式积极引导、帮助学生实现自主实践和理性思考，并勇于为自己的抉择负责任。在整个过程中，教师与学生是平等对话与交往的关系。

另外，学校在树立榜样进行示范的过程中，容易忽视学生的个性化，要求标准统一、原样效仿，常常是一刀切式的道德价值灌输。而现在的大学生是视野开阔、思维活跃、个性化程度远远超于从前的一代，他们对同一事件会从不同的角度进行分析判断，带有较强的个性色彩，很难形成统一的认识。这都对高校的责任教育提出了较高的要求。

3. 大学生道德责任危机：微观层面之困境

从整体状况来看，绝大多数学生对我国社会所倡导的价值观念是认

---

① 赵文静：《学校道德责任教育研究》，山东师范大学博士学位论文，2008年。

走向责任共同体
新时代大学生道德责任意识培育研究

同的，关心国家、社会和自我的发展，也明确自身所承担的责任，能够与国家同命运，与人民同呼吸，总是在紧要关头挺身而出，挺立潮头。这一点从在新冠肺炎疫情防控斗争中，青年一代成了抗疫一线的主力军、举办冬奥会等重大事件中可以得到证实。许多大学生作为志愿者积极投入服务他人、奉献社会的活动中，表现出了强烈的爱国热情和高度的社会责任感，树立了当代大学生一代新人的良好形象。但不能否认的是，当代大学生中也不同程度地存在着责任意识缺失等问题。具体表现在：一些大学生知行脱节，"知易行难"现象比较普遍。虽然对学校的思想道德教育的知识都很了解，也就是说责任认知比较好，但是往往责任履行比较困难，不少学生嘴上说一套，背后行一套，言行不一，公德意识差。一些学生崇尚自我，社会责任感缺乏。自我意识较强，责任意识淡薄甚至严重缺失。在个人与社会的关系上，部分学生过于注重个人需要和利益的满足，较少考虑社会需求和公共利益，个别学生个人权利诉求达到了前所未有的程度，极端个人主义倾向明显，只强调社会、家庭、学校的帮助及其个人的权利，缺乏履行个人义务的意识。一些学生生命责任意识淡薄。大学生是成年人，应该懂得爱护自己的身体和生命。可实际上，近年来，大学生自杀、暴力事件等屡有发生。一些学生既不尊重他人的生命，也不珍惜自己的生命，漠视他人和自己生命存在的意义和价值，给社会和他人带来了严重的伤害。大学生道德责任危机主要体现在以下几个方面。

（1）大学生自我责任意识偏差

当代大学生大多为"00后"，他们涉世不深，思想尚未成熟，加上生活在与社会相对隔离的校园内，"象牙塔"内的生活相对简单，因而他们的社会生活经验相对匮乏，在多元化的社会环境下，往往不能对社会做出全面而正确的认识，对社会上的问题的看法容易存在片面性，对个人与社会的关系把握不准，不能正确看待社会丑恶现象，因此在价值观念、责任意识上的困惑和矛盾明显增多。由于社会生活本身是错综复杂的，大学生极易被社会上一些不良环境影响，被一些负面社会舆论蒙蔽，致使他们看待社会问题只看到表面，不能深刻理解其内在原因，对正直、积极的人格品性产生怀疑。当他们被社会的负面现象迷惑，也就不能对社会发展的趋势做出正确的判断和把握，在认识自己、明确自己的社会定位方面迷失自我，也就不能意识到自己所承担的历史使命，要么在善与恶的抉择中优柔寡断，要么缺乏挑战世俗的勇气，随波逐流，因而无法承担起应有的社会责任。

（2）大学生家庭责任意识淡化

2013年7月1日起，新《老年人权益保障法》开始实施，"常回家看看"被写入法律。"尊老爱幼"是我们从小就接受的教育，可是现在却要靠法律的形式来实现。在我国向来是"百善孝为先"，可是越来越多的年轻人感慨不能常回家看看，大部分是工作太忙的缘故，当然也有部分人是由于家庭责任意识淡薄，没有主动承担起对父母、对家庭的责任。于是淘宝上应运而生了"代看望老人"系列服务，可是，家人之间的亲情不是他人可以替代的，而且陌生人拜访后离去更增添了老人的孤寂心情。现在的大学生大都是独生子女，他们崇尚个性与自由，但在生活上对他人存在较强的依赖性；要求别人尊重自己，却又不为自己的行为负责。在家庭生活中父母一切以子女为中心，承担了孩子的一切，结果使得子女养成理所当然的态度，认为家长为自己做的一切都是理所当然的、应该的，反而没有了感恩之心。在家庭中，家长是"责任超重"状态，包办孩子的一切事务，只求孩子专心学习，考上好大学，甚至有的家长将自己未能实现的理想愿望都附加到孩子身上。孩子则是"责任失重"状态，"两耳不闻窗外事，一心只读圣贤书"，认为关爱父母、帮助做家务与自己无关。有位父亲说自己的儿子在上大学期间，只给家里写了三封信，目的都是简单的一个字"钱"，却为追求一个女孩子写下大量的信，做父母的为此感到既伤心又无奈。

社会多元文化的影响使得有些大学生相互攀比，贪图享乐，追求新潮生活，他们把这些称为新思维和新的生活方式。而随着经济全球化的发展，受到西方文化思想的冲击，青年学生也开始学习西方的消费方式，借贷消费、分期付款消费高档奢侈品，甚至出现消费观念的扭曲。在生活方面，他们吃穿都要讲究高档和名牌，电子产品追求最新款，完全不考虑自身经济承受能力。更令人担忧的是，一些家庭经济条件并不富裕的学生也受周围环境的影响，一切从自我满足出发，相互攀比，随波逐流，根本不考虑家庭经济境况，把心思全花在玩乐和享受上，忘记自己读书的目的和父母亲寄予的期望。

（3）大学生社会责任意识淡薄

近年来，各种媒体报道的社会上道德问题层出不穷，"彭宇案""药家鑫案""马加爵事件""小悦悦事件"等，人们不禁怀疑是否道德出现了滑坡。尤其是在一些见义勇为的英雄流血又流泪后，人们往往会告诫自己及身边的人要"明哲保身""各扫门前雪""事不关己高高挂起"，于是形成社会关系的恶性循环，人们之间越来越缺少信任与关怀。碰到有需要帮助的老人时，经常是敬而远之，首先考虑保护自己不被讹诈。在保护环境问题上，随手乱扔垃圾，乱写乱画屡见不鲜，而且他们往往侥幸地认为自己的一点点行为不会影响太大。殊不知，若都这样想后果就不堪设想了。正所谓："勿以恶小而为之，勿以善小而不为。"

大学生由于缺乏一定的实践经验或心理素质，极易造成具体道德责任履行出现问题，表现为眼高手低，也就是理论认识高、动手实践能力低，讲得头头是道，评价别人也能切中要害，但当要自己动手去做时，结果又是另一个样。当大学生面对几种责任冲突难以抉择时，往往会选择回避或逃避责任来使自己摆脱困窘，主要表现是对工作挑肥拣瘦、拈轻怕重、工作积极性不高；对他人要么漠然相待，要么随便许诺、言而无信。大学生们尚未步入社会，就已经被如此多的负面信息覆盖，加上大学生本身具有的以自我为中心的个性，因此，大学生的社会责任意识状况令人担忧。

第五章

走出困境：大学生道德责任教育的未来超越

一、人的全面发展：大学生道德责任教育理念的超越
二、从"教会负责"到"理解负责"：大学生道德责任教育目的的超越
三、为"他者"负责：大学生道德责任教育内容的超越

从整体性个体的整体化责任，到单子式个体的自我化责任，再到共生性个体的"他者"责任，人之责任形态的发展体现了社会发展的历史必然性。作为"共生性"的存在，为"他者"负责也成为当代大学生道德责任之必然，高校的责任教育也理应按照这一要求，将大学生培养成自觉为"他者"负责的人。然而，处于社会转型中的当代中国，在科学技术发展迅猛、物质生活空前繁荣的同时，人与人、人与自然之间的冲突也日益加深。社会道德沦丧，人们信仰动摇甚至丧失、精神失落。在市场经济的物化逻辑和社会生活全面科学化的大背景之下，高校责任教育也呈现出"科学化""知识化""工具化"的倾向。总之这些，都使得当代大学生道德责任教育陷入困境、裹足不前，其结果也必然是当代大学生道德责任的知行脱节、道德责任意识偏差、道德责任情感缺失和道德责任意志薄弱。为此，当代大学生道德责任教育要走出困境，就必须对"科学化""知识化""工具化"的责任教育模式进行反思，力图从责任教育的理念与目的、责任教育的内容与方式上实现超越。

一、人的全面发展：大学生道德责任教育理念的超越

从教育的本质来看，教育要解决的根本问题就是培养什么样的人。而培养什么样的人，取决于对人的本质的理解。马克思曾说："人以一种全面的方式，也就是说，作为一个完整的人，占有自己的全面的本质。"①"人的全面发展"既是贯穿马克思伦理思想始终的红线，也是马克思教育观中的价值目标和终极追求。弗洛姆曾说："马克思的确是为'人'的解放而不懈奋斗了一生。"当代大学生道德责任教育要走出困

---

① 《马克思恩格斯文集》（第1卷），人民出版社2009年版，第189页。

境，实现超越，也必须树立促进人的全面发展的理念。

在马克思看来，人的全面发展是一个立体多维度的发展过程，即人的需要、能力、社会关系和个性等诸多方面的全面发展。首先，人的全面发展，指人的需要的全面实现。人既是自然的存在，同时也是社会的存在。人要生存和生活，就要有各种物质和精神的需要，因此，人的全面发展首先要建立在人的各种需要得以满足的基础上。其次，人的全面发展，指人的社会关系的全面丰富。"人的本质不是单个人所固有的抽象物，在其现实性上，它是一切社会关系的总和。"① 一个人的发展取决于与他人之间的普遍的交往和全面的关系。因为只有进行普遍的交往才能扩大人的视野，才能造成人与人之间普遍的交往、全面的联系。同时，马克思还指出："个人的全面性不是想象的或设想的全面性，而是他的现实关系和观念关系的全面性。"② 最后，人的全面发展，指人的素质的全面发展。"根据共产主义原则组织起来的社会，将使自己的成员能够全面发挥他们的得到全面发展的才能。"③ 人的素质的全面发展，一是人的体力和智力的充分统一发展；二是人的才能和兴趣的多维度拓展；三是人的道德水平的大幅度提升。

"道德的基础是人类精神的自律，而宗教的基础则是人类精神的他律。"④ 这要求我们在坚持责任教育工具价值的同时，还要关注责任教育的终极价值。同时，在道德责任的功能和作用方面，坚持将俗世指导和理想指引相结合。对人的本质和人的全面发展的终极关怀，正是马克思伦理思想的灵魂和精髓。因此，当前的高校责任教育应当既坚持道德责任对人规范、引导作用，同时也将学生的全面发展作为其终极价值。

1. 超越"工具人"培养"完整的人"

教育的根本意义就在于促进人的全面发展。自独立形态的教育出现

---

① 《马克思恩格斯选集》（第1卷），人民出版社2009年版，第501页。
② 《马克思恩格斯全集》（第46卷下），人民出版社1980年版，第36页。
③ 《马克思恩格斯选集》（第1卷），人民出版社2009年版，第243页。
④ 《马克思恩格斯全集》（第1卷），人民出版社1965年版，第15页。

伊始，教育就是视人的自身发展、完善为其最主要和根本之目的。中国传统教育中的"修身""齐家""治国""平天下"，就既包含了修身养性的"内学"，也囊括了齐家、治国的"外学"，并且所强调的是"外学"以"内学"为基础、为归宿。"所谓'古之学者为己'，齐家、治国要从自己的品德修养做起，'修己安人'，把人对家庭、社会、国家所承担的责任视作完美人格的组成部分。"[①] 而在古希腊时期，教育也将人的心灵向善作为其根本旨归。由此可见，教育是目的性与工具性的统一，而教育的根本意义则在于引导人的精神世界的提升。

高等学校是培养全面发展的高素质人才的场所，亦是造就学生身心全面发展的精神花园和文化殿堂，它不能沦为"知识工厂"或高级职业培训机构。责任教育就其本意而言，是要引导学生去追寻一种"责任生活"，培养学生成为具备责任品质和责任人格的人。从这个意义上来说，责任教育是"真正的人"的教育，它的要旨在于引导学生成为一个真正意义上的人，而不是使学生成为具备某种技能的人。然而，在我国社会转型时期，高等教育受到市场经济下的"唯科学""唯工具""唯经济"思想的影响，片面强调专业化教育，着力于使学生成为某一种人，成为掌握某一领域、某一方面知识的"人才"，而淡化了对大学生的道德教育，致使部分大学生责任意识淡薄，缺乏社会责任感和使命感。他们对于社会的发展，国家的前途，乃至自己的学习工作都抱一种无所谓的态度，面对应承担的责任或应履行的义务时，寻找种种理由敷衍搪塞、逃避责任。

随着社会的不断发展，教育改革也不断得以深化。从应试教育向素质教育的全面转型，对大学生的综合素质提出了更高的要求。当代大学生正处于道德责任培养的重要阶段，要使他们真正成为德、智、体、美全面发展的社会主义现代化事业的继承者与开拓者，成为发展科学技术

---

① 鲁洁：《边缘化、外在化、知识化——道德教育的现代综合征》，载《教育研究》，2005年第12期，第11页。

和先进生产力的重要力量,成为民族优秀文化的继承者和世界先进文明成果的传播者,高校肩负着为国家和社会承担起培养合格人才的责任和义务。必须全面贯彻党的教育方针,切实重视和加强大学生责任教育,教育大学生具有这种崇高的人生价值取向,努力将他们培养成为有社会责任感和事业心的人,有科学文化知识和开拓能力的人,有志有为、德才兼备的人。当代大学生是和谐社会的未来建设者和接班人,教育培养大学生对自己、集体、社会、他人、国家负责,是高校责无旁贷的责任。

2. 从"实然"到"应然":引领大学生德性世界的自我构建

马克思在《政治经济学批判》中曾指出:"人双重地存在着,主观上作为他自身而存在着,客观上又存在于自己生存的这些自然无机条件之中。"① 马克思所阐明的人的双重性存在,深刻地揭示出,人既是以一种实然状态存在着,同时又是以一种应然的方式存在着的。这是因为,作为一种对象性的存在,人无法脱离他的对象物而独立生存;而另一方面,"人不仅仅是自然存在物,而且是人的自然存在物,也就是说,是为自身而存在着的存在物,因而是类存在物"②。人可以依据自身需要,通过对象性活动,对各种规定的对象性关系实现突破和超越。换言之,作为对象性存在的人,既是实然的存在,又是应然的存在。人的本性的二重性决定了人的本质在于超越。人不仅是一种感性的存在,同时也是一种理性的存在,他总是"是其所是"和"是其应是"的否定和统一,而正是在"是其所是"和"是其应是"的张力作用下,人们不断对既定的现实生活进行反思,并努力寻求构建一种更加美好、崇高的理想生活。

人的自我超越,是建立在意义世界的构建之上的。也就是说,人总是基于对现实生活的不满与反思,从而不断通过自身的建构活动,使生

---

① 《马克思恩格斯全集》(第46卷),人民出版社1979年版,第491页。
② 《马克思恩格斯全集》(第42卷),人民出版社1979年版,第169页。

活朝着理想中的意义世界发展。教育、道德教育是指向未来的。从这个意义上来说,教育就是为了受教育者自我超越的实现。"道德教育本质上不在于使受教育者了解现实生活中人们的行为是怎样的,而在于使他们掌握:人们的行为有可能是怎样的?应该是怎样的?道德的理想是什么?人何以接近这种理想?道德教育如果离开了这一要旨,它就不能成其为道德教育,而只可能成为诸如社会学、经济学等等学科知识的教学与传授。"① 因此,道德教育的目的,就在于引导人们反思现实生活并积极构建可能的生活,并通过这种意义世界的构建把人铸造成一个有德性和负责任的人。学生的生命的发展、自我价值的实现只能由自己来完成,而不可能由教师来代替完成。

责任教育就是要帮助学生不断地去丰富、扩大、提升自己的生活领域和生活境界。促使他们真正走进自己的生活,主动地承担各种不同的角色与责任,引导他们在各种不同的生活建构活动中丰富自己的个性,促进自身责任人格的生成。因此,高校责任教育不能仅仅将培养符合责任规范和拥有责任知识的人作为其价值目标,而应当将培养大学生成为自觉进行德性生活建构的人作为根本旨归。

二、从"教会负责"到"理解负责":大学生道德责任教育目的的超越

从某种意义上来说,没有理解,就没有教育。人的教育需要理解,而同样人的理解更需要教育。在一定程度上,教育的根本目的就是在于理解,在于帮助人们建构自我的意义世界。而关于大学生道德责任教育目的,学界存在着诸多讨论。一言以蔽之,就是教育出负责任的人,即教会学生负责。在"教会负责"的观念中,责任教育以"教"为中心,

---

① 鲁洁:《道德教育的当代论域》,人民出版社2005年版。

带有"驯化""强制"的色彩。这种"教会负责"的理念，主要受到我国传统理论教育思想的影响，将学生视为"知识的容器""道德的袋子"，而忽视了道德教育特别是责任教育的特殊性之所在。事实上，恰恰与知识学习相反，道德责任教育的目的更应当在于学生对责任的认同和主动践行。因此，"理解负责"才是道德责任教育的应有之义。

我们认为，道德责任教育的导引在个体道德责任能力提升中具有重要意义，而"理解责任"则成为道德责任教育之中不可或缺的关键元素。笔者所涉及的"理解负责"包含了双重维度。一是理解，即"理解责任"，理解为什么负责（责任的缘由）、负什么责（责任的内容）以及责任之于自我的意义；二是负责，即"践行责任"，是个体对责任的自觉履行和对自身行为后果的承担。无论是"理解"抑或是"负责"都是责任主体积极主动的行为，带有主动获得和主动践行的意蕴。"理解"作为人的基本的生存方式，赋予人以关于世界的、社会的和自我的意义。因此，"理解负责"将道德责任教育导向了"引导""激发""主动"的向度。引导学生"理解责任"，意味着帮助学生了解、认知道德责任之于他自身的意义。学生对道德责任的理解越丰富、越深刻，他所获得的意义就越多，他的责任人格就越趋于完整和健全。"负责"，是在责任意义理解的基础之上，对自身责任的履行。负责的对象就是"他者"，包括了自己、家庭、朋友、他人、团体、国家、全球和生态利益等。"理解负责"，就是要求每个个体在理解自身角色和社会要求的基础上，把握自身行为及其结果，使之符合社会要求的观念、情感和意愿。

1. "理解"之于个体的德性意义的生成

"理解"与人们的日常生活是紧密相关的，它是人类日常生活和实践交往中的重要组成，没有"理解"，人类的社会生活将无法想象。狄尔泰认为："'理解'是日常生活中的一个普通过程；'理解'作为关于人的最基本的知识（更不用说关于复杂的社会问题的知识）之泉源乃是重要的；'理解'是一个唯一性的过程，亦即是说，是一个既不能从另一个过程派生出来，又不能为另一个过程所取代的过程；最后，'理解'是人文科学方法的一个基本方面，这个基本方面使人文科学不同于自然科学。"① 可见，从知识视角来看，"理解"是知识产生的源泉，从方法视角来看，"理解"又是人文社会科学所独具的基本方法。

"对于日常生活和人文科学来说，理解人们传达给我们的东西是极为重要的。因为人的能力发展和使用复杂的语言系统的能力、说与写的能力、通过闪光信号灯传送信息或者用旗帜传达信号的能力，都是人之最为显著的特征，并使得历史与文明、法律、道德、艺术和科学成为可能。"② 里克曼把"理解"的含义概括为三个方面："一是可以把'理解'定义为对于人们所说或所写的东西的把握……二是把'理解'定义为对意义的领会。即必须理解表达式所表达的观念和情感。三是'理解'可以被定义为对人们心灵的渗透。"③ 由此可以说明，理解必须借助于人的表达方式才能完成，而人们在对表达方式进行了理解之后，才能实现意义的生成。同理，在道德责任教育中，学生也必须通过理解来生成道德责任之于他自身的意义，通过对道德责任的理解来构建一个道德自我，进而提升自我的道德责任能力。

那么，人们又是怎样通过理解来获得意义的呢？"我们部分地从对象的本质中，从对象的美或对象的意义中获得愉悦，部分地从对象激励我们的生存和个性，并因而提高我们的生活价值的方面获得愉悦。这种双重的关系植根于我们自身同外部世界的相互作用之中。正如我们通过

---

① 〔英〕H. P. 里克曼：《狄尔泰》，殷晓蓉、吴晓明译，中国社会科学出版社1989年版，第141页。
② 〔英〕H. P. 里克曼：《狄尔泰》，殷晓蓉、吴晓明译，中国社会科学出版社1989年版，第146页。
③ 〔英〕H. P. 里克曼：《狄尔泰》，殷晓蓉、吴晓明译，中国社会科学出版社1989年版，第155页。

感觉而经验到外部实在一样，我们通过情感而经验到价值、意义，经验到我们的内在生活或外部生活的感奋和压抑。"① 由此可见，人们对于自身生活，对于自我的意识，乃至对于道德和道德责任的认知，都是通过理解来完成和实现的。作为道德的存在物，作为关系性的存在，人需要理解道德、理解道德责任，通过理解来构建道德自我。然而，之于道德责任教育来说，这一系列的"理解"包括了理解道德责任的蕴含、理解道德责任的依据以及理解道德责任对于人与人之间关系的意义。事实上，对于人与人之间相互关系的理解构成了理解其他方面的基础。因为，基于马克思伦理思想，道德之所以萌生和发展的尘世根基就在于人与人之间的社会关系。只有正确理解了自身作为关系性的存在，才能更好地把握和理解自身的道德责任。

2. "理解"之于个体道德责任认知的发展

从某种意义上来讲，人的生活实际上就是对生活的理解。"理解对人生负有双重的责任，它使人与生活及文化传统建立起意义联系的同时，彰显出人的自我理解。……人在理解中意识到他存在的意义与价值，理解同时也拓宽了人生的境界。"② 在道德责任教育之中，"理解"成为道德责任认知能力发展的基础，同时，它亦是道德责任判断、选择、道德责任情感和道德责任践行等诸能力发展的必要条件。

人的认知总是建立在一定的理解基础之上的。个体的道德责任认知能力的形成，离不开个体对道德责任内容、价值和意义的理解与内化。在道德责任教育中，学生的理解总是建立在"先见"的基础之上，也就是预先已经存在的获得认可的知识，它以教材、政策法规、资料或教育者的知识传授等形式存在于我们"理解"的开端，指出"先见是我们向

---

① 〔英〕H. P. 里克曼：《狄尔泰》，殷晓蓉、吴晓明译，中国社会科学出版社1989年版，第209页。

② 殷鼎：《理解的命运》，生活·读书·新知三联书店1988年版，第1页。

这个世界开放的基础"①。因此，在道德责任教育中的大学生，其主体意识将会处于某种"先见"之下，同时，大学生自身又具有某种独特的"视野"，而用自身独特"视野"去融合"先见"的过程，就是理解，并由此产生了意义，如果以自身独特的"视野"去融合道德责任的"先见"就会产生对道德责任的理解与内化，形成道德责任内容之于主体自身的独特意义，并进而形成道德责任主体的认知能力。从某种意义上来说，道德责任教育的意义或目的就是在于诱使、促进和诱发这种"视野的融合"，深化受教育者对道德责任的理解与认知。

综上所述，"理解负责"是一个主体积极自为的过程，是一个借助自己的智慧努力探索、不断建构，从而达到自主、自觉的过程，没有学生主体的自觉自愿的参与，就不可能有真正的责任践行。因此，道德责任教育的过程必须是价值引导和自主建构的统一。

三、为"他者"负责：大学生道德责任教育内容的超越

1. 基于"共生"的"他者"意识教育

在"共生"作为人的普遍存在方式的今天，"他者""为他"成为人们最基本的伦理要求。"他者"也已然成为责任教育的新视角，这是不争的事实。尤其是正在经历社会转型期的当前时期，工具主义、功利主义、自我中心主义、绝对自由主义等道德观念的泛滥，大学生在理解"自我"与"他者"的关系中显得封闭和孤立，回避与"他者"的交流与分享，拒绝去关怀"他者"的生命存在，"他者"意识和责任意识逐

---

① 〔德〕汉斯—格奥尔格·伽达默尔：《真理与方法》，洪汉鼎译，商务印书馆2007年版，第269页。

走向责任共同体
新时代大学生道德责任意识培育研究

渐变得淡漠。这无疑是消极的。责任教育要引导学生理解负责，就必须注重大学生"为他"意识的培养，引导大学生正确认识"自我"和"他者"之间的伦理道德关系，使他们成为具有"他者"思维和"他性"意识的现代人。这是大学生理解负责，理解"为他"责任的逻辑起点。[1]

第一，"他者"是对"唯我主义"的否定。"他者"所强调的就是生命的共在性而不是异在性。随着市场经济迅猛发展和物质生活的极大丰富，"利己主义""功利主义"等观念不断抬头。在"唯我主义"观念下，"他者"往往成为一个被忽视的领域，哪怕有提及关怀他人，也只是实现自我利益的手段。"唯我主义"观念下的"他者"是工具性的存在，而非目的性的存在。"他者"沦为为"自我"服务的工具。从"共生"的视角来看，"自我"必须把"他者"视为不可分离的部分，"不管我是否希望，身为他人的他者都强求我与他（她）的关系。……与他人的关系已刻入我的内部了"[2]。"他者"既不能被"自我"同一化，也不能将其拒斥于"自我"之外。因此，对大学生的"他者"意识教育就是要鼓励他们承认"他者"的存在并包容"他者"的差异性和多样性，对"他者"始终保持包容、开放的态度。

第二，"他者"不等同于"利他主义"。中国传统儒家的伦理思想，试图将学生塑造成为道德上的圣人君子，将"无私无我"视为至高的道德境界。因此，提及"为他"或"他者"，人们很容易就将其与"利他主义"画上等号。在"利他主义"的观念中，"他者"的利益置于"自我"利益之上，为了"他者"甚至可以牺牲自我。于是，教师必须累倒（甚至累死）在讲台上，才能算是合格的"人民教师"；学生必须勇斗歹

---

[1] 叶飞：《"他者"道德视角与道德教育的"他性"建构》，载《江苏高教》，2012年第2期，第123—125页。

[2] 〔日〕港道隆：《列维纳斯：法外的思想》，张杰、李勇华译，河北教育出版社2001年版，第108页。

徒，不惜牺牲自我，才能算是好学生。这是对"他者"观念的一种误解。因为，它在彰显"他者"价值的同时泯灭了"自我"的价值，它在宣扬某种至善的道德观念的同时却严重地忽略了个人的幸福。它不仅无助于建构自我与他者的和谐关系，反而可能造成自我与他者的失衡。事实上，我们强调的"他者"意识，要求自我并不需要为了他者而放弃自身的幸福，自我与他者可以在共同的道德基础上追求幸福、分享幸福。道德责任教育对于"他者"的关注，应当以"自我"和"他者"的共同幸福为目标，而不是片面"利他主义"。

第三，"他者"是对"人类中心主义"的超越。"他者"既指代与"自我"交往关系中的他人、民族、国家、人类等，也包括地球上的一切自然生命形式和非生命存在形式。因此，"他者"意识所强调的也不仅仅是人类，"人类中心主义"视角下的"他者"是一种狭隘的"他者"观念。马克思曾提出了"自然界是人的精神的无机界"和"自然界是人的无机的身体"[①] 的观点，这一观点包含着深刻的生态伦理思想内涵，即强调"人应该确认自然界对人的制约性和人对自然界的顺应性"；"人必须做到合理利用和有效养护自然资源"；"人必须积极地扬弃私有财产，铲除异化劳动"[②]。作为共同的"在世者"，其他物种与人类不可分离，相互确认着对方的价值。因而，动物、植物甚至是微生物，它们都应该成为道德关怀的对象，它们的生命价值和存在意义都应该得到尊重和认可。

2. 尊重：为"他者"负责的核心价值教育

首先，尊重作为一种个体的道德品质，它是实现为"他者"负责的

[①] 刘云章：《马克思〈1844年经济学哲学手稿〉中的生命伦理思想研究》，载《西南民族大学学报》，2008年第3期，第118—122页。

[②] 宋周尧：《〈1844年经济学哲学手稿〉中的环境伦理思想》，载《中共中央党校学报》，2004年第2期，第28—33页。

走向责任共同体
新时代大学生道德责任意识培育研究

基础。作为个体存在者必须尊重他人，正如教育哲学家布贝尔指出的那样，人与人之间的关系应该是"我与你"的主体间性，而不是"我与他"的主客关系。这也就意味着自我作为主体必须像尊重自己那样尊重具有主体间性的其他个体。尊重他人也意味着尊重基本的人性，承认他人的尊严、人格特征、发展需要等。同时，个体也要尊重作为他者存在的群体。随着全球化进程的加快，进入现代化后期，以共生和共在作为存在方式的个体，面对着越来越多的"他者"进入自己生活的视域内，因此，尊重这些"他者"也成为现代人首要的交往态度。尊重成为处理个体与个体之间、个体与群体之间、群体与群体之间关系的首要准则。在主体间性的视域下，"自我"与"他者"实际上是一种相互负责的关系，归根结底体现为"互以对方为重"，亦即责任主体之间的责任指尊重之责，这种责任是在肯定"我"与"他者"的互动交往关系中实现的。因此，为"他者"负责，探讨的重点不在于个人责任一方面，而在于个人与"他者"之间发生的相互责任关系上。同时，这种责任也并不是与群体责任对立的个人责任，或者被群体责任吞没了的个人责任，而是人与人互相尊重的责任关系。不仅仅是个体之间相互尊重，个体与群体之间也应当是相互尊重的。

其次，尊重也是处理人与自然关系的首要准则。在古代社会，人与自然并未分化，人们敬畏自然。近代以后人的自我意识的觉醒，人将自我分离出大自然。人类曾经采用人类中心主义的态度来对待自然，人类试图征服自然和干预自然。在人类取得了科学技术的巨大进步的同时自然也对人类疯狂攫取进行了报复。人类由此付出了极大的代价，赖以生存的生态环境遭受了巨大破坏。"人类自工业文明以来的两百多年的发展，已经使人和自然的冲突关系走到了尽头。"[1] 人类开始反思人与自然之间的关系，认识到人类的主观能动性发挥到极致，人类与自然之间的

---

[1] 佘正荣：《中国生态伦理传统的权势与重建》，人民出版社2002年版，第323页。

关系就会变得紧张。人类的自私本性被遮蔽和被发现是同步的[①]，因此，为"他者"负责，也意味着人们要对自然负责。在处理人与自然界的关系上，首先要尊重自然的客观性，人必须在客观依据的基础之上来进行改造世界的活动，归根到底，人的活动要尊重自然规律。因此，对自然界负责，就要求人们在处理与自然关系时，将尊重自然作为首要准则，用尊重建立人与自然的关系。

再次，尊重产生于人们实践交往的协作之中。人们的实践交往和协作的过程"既能消除自我中心的实践，又能消除对强制的神秘态度，而且导致对规则成功的应用和对规则含义比较广泛和比较内在的理解"[②]。正是在交往和协作之中，人们加深了对道德规范和道德原则的理解，并将其内化为自我的德性，从而明确自身道德责任的内容。实践交往与协作，为人们提供了彼此对照和相互理解的机会与平台，随着人们相互间的交往和协作活动的开展，人们"了解、分析、比较各种不同的评价标准以及自我评价、相互评价机会增多，人们不仅逐渐学会理解别人，而且也学会如何使别人理解自己，互相尊敬的情感应运而生了"[③]。人们在协作之中，实现了平等的交往以及互惠、互助，并在此过程之中增进了彼此之间的相互了解、相互尊重和换位思考。就大学生道德责任教育来说，实践活动的开展是大学生与他人或群体相互交往的重要方式，对大学生道德责任情感的激发起到极其重要的作用。因而，要培养大学生尊重"他者"的责任情感，就需要为大学生创设与"他者"进行交往与协作的实践活动平台，通过亲身体验使大学生对自我与"他者"之间的相互关系形成深刻的理解，促使他们了解相互尊重与相互协作的必要性和

[①] 刘建军：《人的本质和"不完整主体"理论及其应用》，载《东北师大学报（哲学社会科学版）》，2008年第1期，第123页。

[②] 李尽晖：《当代大学生道德责任教育研究》，陕西师范大学博士学位论文，2007年，第123页。

[③] 李尽晖：《当代大学生道德责任教育研究》，陕西师范大学博士学位论文，2007年，第123页。

重要性。同时，大学生在尊重和理解他人的基础上，也在协作活动中反观自身，从而提升自身的道德责任能力。

最后，尊重使道德自律成为可能。"相互尊重乃是理智方面和道德方面的自主性的必要条件。"① 就道德而言，"任何对于别人单方面尊重的关系都导致他律。因此，自律只与互惠有关，当互相尊重的情感强到足以使个人从内部感到要像自己希望受到别人对待的那样去对待别人时，才出现自律"②。在交往和协作中，人们逐步学会推己及人，从而滋生出相互尊重的情感，通过移情式换位思考的理解能力，使外在的道德原则和道德规范真正内化为自身的道德品格和道德品行。尊重促生了道德主体自主的道德要求，并督促道德主体自觉践行道德责任。由此可见，尊重作为一种道德责任情感，在大学生践行为"他者"的责任之中起到重要的作用。因此，在当代大学生道德责任教育中，以尊重为核心的价值观教育和道德情感教育是必不可少的。

3. 为"他者"负责的能力的培育

理解负责，实质上蕴含了两层含义。一是理解，即"理解责任"，理解为什么负责（责任的缘由）、负什么责（责任的内容）；二是负责，即"践行责任"，即对责任的自觉履行和对自身行为后果的承担。前者，需要人们树立符合适应时代需求的责任意识和道德观念；后者，则依赖于人的道德能力的提升。事实上，责任需要能力，责任的践行也体现了人的能力。人们逃避责任，一方面，是由于自身意识和观念层面的原因；另一方面，也受到自身道德能力的制约。这也是当前大学生普遍具有较好的责任认知，但仍然存在"知行脱节"，在责任践行层面缺失严

---

① 〔瑞士〕让·皮亚杰：《儿童的道德判断》，傅统先、陆有铨译，山东教育出版社1984年版，第122页。

② 〔瑞士〕让·皮亚杰：《儿童的道德判断》，傅统先、陆有铨译，山东教育出版社1984年版，第234页。

重的原因。因此，大学生道德责任教育在重视责任意识、道德观念培养的同时，也不能忽视大学生道德能力的提升。

(1) 道德回应能力培养

从词源上来看"责任"一词来自拉丁文的"respondo"，表达"回应"或"回响"之意。"responsibility"＝"response + ability"，即"责任"＝"回应"＋"能力"。可见，从本源上来说，责任就是由"回应"和"能力"两个维度构成的。前者是指行动的意愿，后者是行动的能力。正如利科纳所说："责任意味着面向他人，注意他人，积极地回应他们的要求。"[①] 基于回应与能力不同程度的组合，形成了四种不同的责任人格：高回应/低能力、高回应/高能力、低回应/高能力、低回应/低能力。道德回应能力实际上包含了两个维度。一是积极的责任情感；二是道德预见和判断能力。

道德回应能力表现为一种积极的责任情感，是一种对"他者"的积极的情感回应。这种积极的情感包括"自爱""爱人""同情""勇敢"等。当"自我"与"他者"相遇、发生联系时，"他者"的面貌便浮现在我眼前，它在对我"言说"，那么我就必须对"他者"的"言说"做出某种回应。无论是否有外在的压力，个人都应当按照自己的良知、尊严去独自担当，这才是真正的道德责任。人无法控制外部环境，但却可以控制"自我"对"他者"的回应方式。这种控制就是一种主动的积极回应，是一种能力的体现。反观当前大学生在责任情感方面的表现，他们往往在面对"国家危难""自然灾害"时，体现出极大的愤慨和同情之心，体现出较强的责任感。然而，仔细分析这种责任情感，它往往是一种被动的、被激发的缺乏理智的情感，体现出一种"受害者心态"。例如，在抗议奥运火炬被阻、抵制日货等游行活动中，大学生所体现出

[①] Thomas Lickona, *Educating for Character: How Our Schools Can Teach Respect and Responsibility*, New York: Bantam, 1991, p. 44.

的爱国热情，是一种基于外来侵略或欺辱刺激下产生的情感，是一种本能的情感。但是，当这种外源性的刺激撤销之后，大学生在面对国家利益和自我利益的时候，则往往表现出"为我主义""功利主义"，而将国家利益抛诸脑后。事实上，基于外在刺激下产生的爱国情感，是一种仇外心理和怨恨情感交织作用的扭曲的爱，它不是我们所强调的责任回应中的积极情感。因此，在大学生责任情感的教育中，我们强调一种内源性的、积极性的情感。这种情感应当是主动的、从学生内心生发出来的，而不是受到外部刺激所引发的。

其次，道德回应能力，也是一种预见与判断的能力。"有时责任意味着值得信赖（reliable）和即时回应（prompt）；其他时候责任意味着竭尽全力地克服困难，意味着愿意接受我们的行为的后果，意味着不放弃或不退缩地完成我们担负的任务。……责任意味着完成一个结果可以预料的行为的过程，无论这些结果是有利的还是相反的，快乐的还是痛苦的。因为对可能的后果的预料是一种智力活动，责任与知识有关；因为责任就是接受一项任务并将之进行到底，它也是关乎道德的。"[①] 我们之所以强调，"回应"是一种积极情感，其关键在于为"他者"负责不仅仅指为已经发生的事情负责，而且还要对未来可能发生的事情负责。这是一种个人自我的选择，考虑的却是他人或群体的利益，甚至人类的利益。这是一种事先的顾及后果。这种"事先"是责任的积极情感之表现。能力越大责任越大。对结果的预见，如何担当不利的后果，如何避免不利的后果，种种这些，仅凭爱心与热情是远远不够的，还需要训练自己的理性能力。因此，道德回应能力的培养，不单单要注重学生积极回应情感的培育，也应当注重学生道德预见和判断能力的锻炼。

---

① "Moral Education—the Individual Aspect", in *John Dewey: Lectures in China*, 1919–1920, Translated and edited by Robert W. Clopton and Tsuin-Chin Ou, An East-West Center Book, Honolulu: The University Press of Hawaii, 1973, pp. 290–291.

（2）道德选择能力培养

选择"显然是德性所固有的最大特点，它比行为更能判断一个人的品格"①。正是因为"道德选择"的存在，才使人的责任具有了可能性。人在面对多种道德可能性时，对它们进行思考、权衡、取舍，最终做出选择，这种选择是他自己做出的，他就必然要为这种选择的后果负责。从这个意义上来说，选择是责任履行的前提，而责任则成为选择的必然属性。"如果没有道德责任作为抵押，道德选择就谈不上取舍与追求，也谈不上意志自由的价值。没有责任，就意味着选择是任性的、随便的，这种选择本身就丧失了道德意义，丧失了道德价值。"② 马克思认为，自由是"合乎理性的本质"③，因此，在大学生道德责任教育过程中，要为学生创造更多的机会，引导他们认知道德的多种可能性，并做出符合道德准则和道德要求的选择。"教师的职责现在已经越来越少地传递知识，而越来越多地激励思考。……他必须集中更多的时间和精力去从事那些有效的和有创造性的活动：相互影响、讨论、激励、了解、鼓舞。"④ 教师不再是凌驾于学生之上、操控整个教育进程的统治者，课堂不再是一言堂，学生才是教育活动的真正目的指向，"应当使学习者成为教育活动的中心"⑤。

（3）道德实践能力培养

马克思立足于唯物史观的实践理论，其中蕴含了丰富的实践观活动的观点，这无疑为我们认识道德活动、道德实践与个体道德能力的关

---

① 〔古希腊〕亚里士多德：《尼各马科伦理学》，苗力田译，中国社会科学出版社1990年版，第46页。

② 夏伟东：《道德的历史与现实》，教育科学出版社2000年版，第190—191页。

③ 《马克思恩格斯全集》（第1卷），人民出版社1965年版，第101页。

④ 联合国教科文组织国际教育发展委员会编著：《学会生存——教育世界的今天和明天》，教育科学出版社1999年版，第108页。

⑤ 联合国教科文组织国际教育发展委员会编著：《学会生存——教育世界的今天和明天》，教育科学出版社1999年版，第262页。

系，提供了极为有益的资源借鉴。在被称作"包含着新世界的天才的萌芽"的《关于费尔巴哈的提纲》中，马克思鲜明地指出："从前的一切唯物主义（包括费尔巴哈的唯物主义）的主要缺点是：对对象、现实、感性，只是从客体的或者直观的形式去理解，而不是把它们当作感性的人的活动，当作实践去理解，不是从主体方面去理解。因此，和唯物主义相反，唯心主义却把能动的方面抽象地发展了，当然，唯心主义是不知道现实的、感性的活动本身的。"① 这一论断，无疑彰显了马克思同一切旧唯物主义和唯心主义的根本对立。正如恩格斯所言："人们自觉或不自觉地、归根到底总是从他们阶级地位所依据的实际关系中——从他们进行生产和交换的实际关系中，获得自己的伦理观念。"② 恩格斯的这一论断深刻地揭示了意识、道德意识与社会生活及实践交往的密切关联，同时也佐证了个体的道德认知能力的生成与发展有赖于个体所参与的活动和实践的客观事实。恩格斯更进一步地指出："劳动的发展必然促使社会成员更紧密地互相结合起来，因为它使互相帮助和共同协作的场合增多了，并且使每个人都清楚地意识到这种共同协作的好处。"③ 我们尝试对这一论断做进一步的推证，即互助与协作使得个体在社会生活和实践活动之中，经由对自身关系性的理解和认知，从而形成和发展了个体的道德意识或道德情感。马克思说："随着对象性的现实在社会中对人来说到处成为人的本质力量的现实，成为人的现实，因而成为人自己的本质力量的现实，一切对象对他来说也就成为他自身的对象化，成为确证和实现他的个性的对象，成为他的对象，这就是说，对象成为他自身。……因此，人不仅通过思维，而且以全部感觉在对象世界中肯定自己。"④ 可见，社会生活和道德实践铸就了人的道德能力的发展。

---

① 《马克思恩格斯文集》（第1卷），人民出版社2009年版，第499页。
② 《马克思恩格斯选集》（第9卷），人民出版社2009年版，第99页。
③ 《马克思恩格斯文集》（第9卷），人民出版社2009年版，第553页。
④ 《马克思恩格斯文集》（第1卷），人民出版社2009年版，第190—191页。

我国传统道德教育在理念上充满了权威主义、强制主义的倾向，其结果就是必然导致教育方式上的灌输和教育手段上的强制性。而长期以来，道德责任教育亦受到传统道德教育的影响，也试图使学生无任何批判地像接受科学知识和真理一样接受德性知识，从而培养出"听话的人""服从的人"，把道德责任理解为外化于人的某种原则或规条。在灌输和压制下的道德责任教育必然无法实现成人的目的，学生成为被动接受的"美德容器"，毫无主动性和主体性可言。这样的道德教育范式尽管强调了道德的规范功能，但却忽视了道德教育的最根本功能——超越功能。事实上，道德始终是人的道德，责任也终归是人的责任。道德责任教育其根本旨归在于引导学生"成人"和"成仁"。由此，以促进人的全面发展为理念的道德责任教育，要求我们对传统的道德责任教育范式做出转型，对传统的灌输教育方式进行扬弃。从引导学生"知"道德责任入手，进而创设有利环境使他们"体"之于行，"感"之于心并进而内化成德。

道德实践是德性外化为德行的过程，也是个体责任人格的体现。无论是促进大学生的全面发展还是引导大学生理解负责，其本质都是指向实践的。完整意义的责任教育，必须做到在责任规范认知的基础上，通过使学生在教学过程中感受责任，引导学生选择行为方式，并最终践履责任。所以，高校在实施责任教育时，应当为大学生提供更多的自主选择和参与道德实践活动的机会。努力创设一种相互尊重、民主平等的氛围，培植大学生的主人翁责任感，充分发挥主观能动性，开展各种讨论与活动，在不同的活动中应尽量让学生有机会扮演不同的角色，使其学习和实践为角色所要求的各种责任规范，获得对不同角色之不同责任的感受。同时，还应当重视社会实践在责任教育中的育人功能。责任作为品质，作为习惯，需要在实践中培养，在生活中积淀。责任教育是一种养成教育，生活的每时每刻都在实践着所学的理论，责任教育中要重视社会实践的育人功能，实现责任认知与责任行为的统一。高校应该积极组织学生参与社会实践，鼓励他们通过参与实习、实训、社会调查、"三下乡"活动、社区服务、公益劳动、志愿者活动等了解社会、认识国情，将理论和实践相结合，提高责任意识。

事实上，只有从切身实践中获得的感知、体验、体认，才能不断地深化大学生的责任认知、责任情感，才能不断提升大学生的责任能力。由此可见，为解决责任践行的问题还需要从践行中去获取动力和相应的资源，"在践行中学习践行"，这正是道德责任教育的独特之处。

第六章

习近平关于新时代青年责任
担当重要论述的核心要义、
　时代价值与践行路径

一、习近平关于新时代青年责任担当重要论述的核心要义
二、习近平关于新时代青年责任担当重要论述的时代价值
三、习近平关于新时代青年责任担当重要论述的践行路径

青年是整个社会中最具生命力和创造力的群体，在中国发展历程中发挥着重要作用。习近平高度关注和重视青年的责任担当。十九大宣告我国进入了新时代，习近平指出："青年一代有理想、有本领、有担当，国家就有前途，民族就有希望。"① 党的二十大报告中，习近平明确指出："青年强则国强。"② 其实在党的十八大以来，习近平就多次通过发表讲话、与青年座谈等形式表示对青年担当责任的期望，就青年责任担当提出诸多观点、思想、要求等，形成了习近平关于新时代青年责任担当的重要论述。当前，探赜习近平关于新时代青年责任担当重要论述，领悟其核心要义、时代价值与践行路径，对于推进新时代青年的责任担当具有重要理论价值和现实意义。

一、习近平关于新时代青年责任担当重要论述的核心要义

习近平立足新时代中国特色社会主义的历史方位，在不同场合以多种形式发表了一系列重要讲话，形成新时代青年责任担当重要论述。其论述的核心要义可以从历史、时代、现实三个维度的基础上，从把握其基本内涵的角度进行深入透视和准确理解。

1. 在历史和现实的际遇中深刻揭示新时代青年的责任与使命

（1）历史之维：深刻阐明青年是实现中华民族伟大复兴的先锋力量

习近平在纪念五四运动100周年大会上追忆中国青年在五四运动以

---

① 习近平：《论党的青年工作》，中央文献出版社2022年版，第169页。
② 习近平：《高举中国特色社会主义伟大旗帜　为全面建设社会主义现代化国家而团结奋斗——在中国共产党第二十次全国代表大会上的报告》，载《人民日报》，2022年10月26日。

走向责任共同体
新时代大学生道德责任意识培育研究

来的伟大贡献，认为青年坚定不移跟党走，为祖国和人民谱写了一曲又一曲壮丽的青春之歌，高度赞扬和肯定广大青年对推进中华民族伟大复兴进程的巨大历史作用，并说到"无论过去，现在，还是未来，青年始终是实现中华民族伟大复兴的先锋力量"[①]。青年的先锋力量在党的百年征程中都得到充分体现。近代以来，中国陷入民族危亡之际，无数仁人志士为寻求救国良方百般尝试，其中青年在思想上率先觉醒，并进行了一场轰轰烈烈的以先进青年为先锋的反帝反封建的五四爱国运动，由此进入新民主主义革命时期。在这个时期，以李大钊、陈独秀为主要代表的优秀青年选择、研究和广泛宣传马克思主义并建立了中国共产党，带领广大人民群众投身反帝反封建的革命运动，最终建立中华人民共和国。在社会主义革命和建设时期，广大青年主动作为，勇挑重担，积极参与社会主义改造和建设，为实现社会主义制度建立展现出敢于拼搏、辛勤劳动的责任担当。如抗美援朝英雄黄继光、为人民服务的雷锋以及为"两弹一星"事业无私奉献的无数爱国青年等，他们就像"早晨八九点钟的太阳"[②]，致力于为祖国发光发热。在改革开放和社会主义现代化建设新时期，广大青年积极响应党的号召，在改革开放的实践中勇立潮头，为改变中国"一穷二白"的面貌展现出敢闯敢干、引领风尚的责任担当；在中国特色社会主义新时代，广大青年踔厉奋发，在科技攻关岗位、抢险救灾前线、疫情防控一线、奥运竞赛等党和人民最需要的地方和时刻都能看到青年的影子，为实现中华民族伟大复兴的中国梦展现出自信自强、刚健有为的责任担当。可见，这一百年来，每一段大浪淘沙的历史征程，每一场波澜壮阔的时代风云，都有无数青年奋斗的影子。广大青年勇当先锋，把青春挥洒在实现民族复兴的征程上。新时代青年

[①] 习近平：《在纪念五四运动100周年大会上的讲话》，载《人民日报》，2019年4月30日，第2版。

[②] 共青团中央、中共中央文献研究室编：《毛泽东邓小平江泽民论青少年和青少年工作》，中国青年出版社2001年版，第12页。

是最为接近和最有可能实现中华民族伟大复兴的一代，因此青年应接过历史的接力棒，继续勇于担当历史使命和时代重任，谱写新时代青年新的华章。

（2）时代之维：深刻洞察新时代青年责任担当的时代境遇

时代呼唤使命，责任呼唤担当。习近平提出："时间之河川流不息，每一代青年都有自己的际遇和机缘，都要在自己所处的时代条件下谋划人生、创造历史。"① 一代又一代青年处于不同的时代背景，也有不同的使命和责任。广大青年听党话、跟党走，为担当时代使命不懈奋斗，迎来了百年后的今天，进入了新时代。新时代有新的背景、新的问题、新的困境。当前广大青年正处于两个大局相互交织的时代背景下，首先，当今世界正处于百年未有之大变局，"世界多极化、经济全球化、文化多样化、社会信息化深入发展……人类面临的全球性挑战更加严峻"。其次，在实现中华民族伟大复兴的战略全局中，我国进入了一个新的发展阶段，社会主要矛盾发生了变化，全面建成社会主义现代化强国的百年奋斗目标需要实现，我国国际地位有所提高，正日益走进世界舞台的中心，这为新时代青年提供了成长成才的物质条件，但也意味着承担更为艰巨的使命。习近平指出："新时代中国青年处在中华民族发展的最好时期，既面临着难得的建功立业的人生际遇，也面临着'天将降大任于斯人'的时代使命。"② 新时代青年重任在肩，"施展才干的舞台无比广阔，实现梦想的前景光明无比"，充分认识自身所处的时代背景以及担当的时代使命，抓住机遇，无惧且利用挑战提升自己，为实现中国梦贡献智慧和力量。

---

① 中央文献研究室：《十八大以来重要文献选编（中）》，中央文献出版社2016年版，第2页。

② 习近平：《在纪念五四运动100周年大会上的讲话》，载《人民日报》，2019年4月30日，第2版。

（3）现实之维：深刻指明新时代青年责任担当存在成长空间

新时代青年大多都是改革开放的原住民，是经济全球化和网络全球化的原住民，社会的物质文明和精神文明大大提升给予新时代青年更好的成长舞台。习近平在纪念五四运动100周年大会上说到，当代青年思维活跃、接受新生事物快、对实现人生发展有强烈渴望，这表明新时代青年对于责任担当有着青年特有的激情和创造力，如在新冠肺炎疫情防控等公共事件中表现出青年的担当。但同样"青年人阅历不广，容易从自身角度、从理想状态的角度来认识和理解世界，难免给他们带来局限性"[1]。在这个时期，大多数青年也面临着许多重大的人生课题，有自己的人生发展规划，部分青年重视个人利益而轻视集体利益，缺乏责任意识，也有少数青年因为外界复杂的社会环境以及生活、学业、工作等方面的多重压力等内外因素影响，选择做"摆烂""佛系""躺平"青年或者失去担当责任久久为功的心态和毅力，以上是目前青年责任担当的现状，这深刻指明新时代青年的责任担当存在一定的成长空间。对此，习近平告诫全党及全社会要做青年朋友的知心人、青年工作的热心人、青年群众的引路人，帮助青年解决成长过程中的现实难题，引导树立正确的价值取向、锻炼顽强意志、坚定理想信念，培养和强化新时代青年责任担当精神。

2. 深刻阐明新时代青年责任担当的基本内涵

习近平关于新时代青年责任担当的重要论述就"新时代青年担当何种责任"的问题进行了回答，深刻阐明新时代青年责任担当的基本内涵。马克思说："人的本质不是单个人所固有的抽象物，在其现实性上，它是一切社会关系的总和。"[2] 人作为独特的个体，需要对自己负责，人

---

[1] 习近平：《在纪念五四运动100周年大会上的讲话》，载《人民日报》，2019年5月1日，第2版。

[2] 《马克思恩格斯文集》（第1卷），人民出版社2009年版，第501页。

作为社会的人，拥有社会关系的多样性，也意味着需要承担责任的多元性，按照责任涉及的主体范围，习近平关于新时代青年责任担当论述中涉及的责任可以分为对自己的责任，对国家的责任，对家庭和社会的责任。

（1）根本责任：胸怀国之大者，担当民族复兴大任

青年作为国家的公民，需要对国家负责，青年所承担的根本责任就是要做"胸怀国之大者，担当民族复兴大任"。在中华五千年的发展历程中，爱国主义情怀一直扎根在中华民族心中，造就中华儿女百折不挠、艰苦奋斗、团结一心的精神品质。习近平在共青团成立100周年大会上明确提出，广大青年要做"胸怀国之大者，担当使命任务"，而在五四青年节前夕，习近平深刻指出："争做堪当民族复兴重任的时代新人，在实现中华民族伟大复兴的时代洪流中踔厉奋发、勇毅前进。"[1] 这表明习近平一直以来关注青年的成长，寄厚望于青年，赋予新时代青年崇高的历史使命，希望青年胸怀国家和民族，能够将民族复兴的伟大实践向前推进。新时代青年要肩负起新时代的职责，将中国梦同青春梦，将"小我"与"大我"相关联，以实现中华民族伟大复兴为己任，不辜负党和人民的期望。

（2）基本责任：脚踏实地练就过硬本领

青年作为一个独特的行为个体，是自己的主人，首先需要对自己负责。青年对自己的责任在整个社会责任体系中占据基础性地位，如果无法对自己负责，对其他个体的责任担当也就无从谈起，也就无法承担起对国家、对世界的责任。习近平关于新时代青年责任担当论述中明确指出："青年是苦练本领、增长才干的黄金时期"，"新时代中国青年要练

---

[1] 新华社：《习近平在中国人民大学考察时强调　坚持党的领导传承红色基因扎根中国大地　走出一条建设中国特色世界一流大学新路》，2022年4月25日。

就过硬本领。"① 过硬本领是青年责任担当的基石，是构成青年自我实现的根本保障，是推进国家各项事业发展和满足人民生活需要程度的支撑性条件，因此青年要脚踏实地练就过硬本领，这是青年必须承担的基本责任。对此，习近平关于新时代青年责任担当论述提出了两个方面的要求：其一，青年要加强学习，不断增强自身的知识储备。习近平多次勉励青年"要勤学，下得苦功夫，求得真学问"，"要勤于学习、敏于求知，注重把所学知识内化于心……学会担当社会责任"②。青年要树立终身学习的意识，不仅要学习专业知识，提升专业素养，也要广泛涉猎不同学科知识，拓宽自己的知识面，不断完善自身的能力素质结构，同时要学会善于学习，刻苦钻研学问，掌握学问，做到理论与实践的统一，使自己的知识本领能够适应时代的发展和社会的需要。其二，青年要习得技能，提高能力。习近平希望广大青年"把学习知识和技能作为黄金时期的首要任务，作为一种责任"③，因此要加强技能学习，增强训练，掌握专业实践技能，熟练运用技能解决实际问题，提高发现问题和解决问题的能力，同时青年还要具备一定的危机处理能力，不断锤炼技能，增强抗风险能力，从容应对和处理突发事件，牢牢掌握主动权。

（3）重要责任：筑牢家庭避风港，做社会发展生力军

青年作为国家的一员，需承担建设祖国的重任；作为个体，是自己人生的第一负责人；作为家庭和社会的一分子，需要承担家庭和社会的重要责任。家庭是社会的基本细胞，对家庭的责任担当是个体责任担当。习近平说到"要弘扬中华民族传统美德，勤劳致富，勤俭持家。要发扬中华民族孝亲敬老的传统美德，引导人们自觉承担家庭责任、树立

---

① 习近平：《在北京大学师生座谈会上的讲话》，载《人民日报》，2018年5月3日，第2版。
② 习近平：《在北京大学师生座谈会上的讲话》，载《人民日报》，2018年5月3日，第2版。
③ 习近平：《在同各界优秀青年代表座谈时的讲话》，载《人民日报》，2013年5月5日，第1版。

良好家风,强化家庭成员赡养、扶养老年人的责任意识,促进家庭老少和顺"①。青年是家庭的重要支柱,需要扛起家庭的重担,孝亲敬老,教养子女,传承家风,用爱和责任为家人筑牢避风港。人的本质属性是社会性,人是社会的人,最终要回馈社会,在社会发展中实现自身的个人价值和社会价值。"青年人朝气蓬勃,是全社会最富有活力、最具有创造性的群体"②,新时代青年是社会发展的生力军,将所接受的教育应用于社会生产中,在工作岗位上做好自己本职工作的同时着力站在社会前沿发挥创新精神,积极投入经济、政治、文化等建设中,为社会创造财富,推进社会前进。

二、习近平关于新时代青年责任担当重要论述的时代价值

习近平关于新时代青年责任担当重要论述,是在继承和发展了马克思主义经典作家,并结合新时代现实发展需要的基础上形成的,具有重要的时代价值。它的形成既是对马克思主义青年责任观的创造性运用和时代性拓新,同时又为新时代青年成长成才提供重要精神指引,为学校青年责任教育提供根本遵循,就"为谁培养新时代青年责任担当"的问题进行了回答。

1. 对马克思主义青年责任观的创造性运用和时代性拓新

马克思主义青年责任观是马克思主义对青年和青年责任担当的总的认识和观点,是马克思主义的重要组成部分,其中关于青年社会作用、

---

① 中共中央党史和文献研究院编:《习近平关于注重家庭家教家风建设论述摘编》,中央文献出版社 2021 年版。

② 习近平:《在知识分子、劳动模范、青年代表座谈会上的讲话》,载《人民日报》,2016 年 4 月 30 日。

走向责任共同体
新时代大学生道德责任意识培育研究

担当的责任等基本观点是习近平关于新时代青年责任担当重要论述的重要理论来源。习近平关于新时代青年责任担当重要论述是在新的历史条件下对马克思主义青年责任观的创造性运用和时代性拓新,是马克思主义青年责任观在当代中国的最新发展成果。

其一,从肯定青年在社会发展的重要作用的角度。马克思、恩格斯在对社会阶层和社会群体进行深刻分析后,肯定青年在无产阶级革命事业和全人类解放事业中的重要作用。"青年是现实社会中最为活跃的力量,是社会各阶级,各种利益集团极为争取的对象。"[①] 强调青年是革命事业与人类发展的希望,是社会变革的力量源泉。而习近平立足新时代的历史方位,从青年事关实现民族复兴中国梦、事关党和人民事业发展的角度出发,指出青年是实现民族复兴的先锋力量,青年一代有理想、有担当,实现中华民族的伟大复兴就有源源不断的强大动力,从而肯定了新时代青年之于社会发展的地位和作用,是对马克思主义青年责任观的继承与发展。

其二,从青年所承担的时代责任和使命的角度。马克思、恩格斯认为作为确定的人,现实的人,由于个人的需要以及与现实世界产生的联系,个人就会有使命,有任务。并且说到人的本质是社会关系的总和,认为人是社会中的人,因此担当责任是青年作为现实的人和社会的人的客观需要。这就决定了青年要自觉承担起推动无产阶级斗争胜利和全人类解放事业的时代使命和重任,不断提高自身能力,为实现共产主义的宏观目标而努力奋斗。习近平关于青年责任担当的重要论述基于以上理论,指出了社会关系的多样性决定了青年所担当的责任的多元性,阐明了新时代青年肩负着何种责任与使命,既强调青年肩负民族复兴大任的根本责任,以及青年要脚踏实地练就过硬本领的基本责任,又突出青年筑牢家庭避风港,做社会发展生力军的重要责任,这凸显出习近平对新

---

① 中国共产主义青年团中央团校编:《马克思恩格斯列宁斯大林论青年》,中国青年出版社1980年版,第68页。

时代青年责任担当的认识和评价更加全面深刻、更具战略高度。

其三,从青年发展目标和手段的角度。马克思主义经典作家认为"青年团和所有想走向共产主义的青年都应该学习共产主义"①,培养为共产主义而奋斗的自由且全面发展的青年,并且非常重视青年一代的教育,指出工人阶级的未来乃至"人类的未来,完全取决于正在成长的工人一代的教育"②。习近平在继承此观点的基础上并将其与中国具体实际相结合,考虑新时代青年的成长特点,以培育时代新人为目标指向,深刻回答了"青年担当何种责任,为谁培养青年责任担当,如何培养青年责任担当"等重大问题,对马克思主义青年责任观进行了创造性运用和时代性拓新。

2. 为新时代青年成长成才提供重要精神指引

具备良好的担当精神是新时代青年成长成才的基本条件。习近平关于新时代青年责任担当重要论述是立足于新时代的历史方位,探索新时代青年的特点,结合中国特色社会主义的伟大实践,全面深刻回答了"青年担当何种责任,为谁培养青年责任担当,如何培养青年责任担当"等重大理论和现实问题。其中围绕青年成长成才提出了一些富有创见的重要论述,比如坚定理想信念,坚持走中国特色社会主义道路,注重引导教育青年树立社会主义核心价值观等,这些论述蕴含了青年成长成才所必需的精神动力和价值取向,为新时代青年的成长成才提供重要精神指引。"为青年提供精神指引"既是建设新时代中国特色社会主义精神文明的重要课题,也是落实新时代坚持和发展中国特色社会主义的现实要求,又是推动新时代青年健康成长成才的内在要求。

其一,有助于引导青年坚定理想信念,树立远大理想和共同理想,为个体成长成才提供动力。新时代青年正处于世界观、人生观、价值观

---

① 《列宁选集》(第4卷),人民出版社2012年版,第282页。
② 《马克思恩格斯全集》(第4卷),人民出版社1995年版,第204页。

的确立时期，尤其是当前西方国家文化渗透的方式逐渐多样和隐蔽，加上国内改革导致各种社会思潮激荡，青年处于这样复杂多变的环境中个体的责任意识就会受到一定程度的影响，也势必会影响到青年的健康成长。因此，习近平明确指出，要对处于关键期的青年进行正确的精神指引。习近平说道："中国梦是全国各族人民的共同理想，也是青年一代应该牢固树立的远大理想。中国特色社会主义是我们党带领人民历经千辛万苦找到的实现中国梦的正确道路，也是广大青年应该牢固确立的人生信念。"[①] 理想决定人生方向，信念决定事业成败。青年要坚定理想信念，树立远大理想和共同理想，不能在精神上缺钙。青年只有坚定理想信念，才会无惧风雨且坚定不移地向目标迈进，才能真正实现新时代青年的责任担当。

其二，有助于引导青年自觉践行社会主义核心价值观，树立正确的价值取向，为青年个体成长成才提供方向。青年在践行责任担当的过程中，需要正确的价值取向作为引领。习近平曾在全国高校思政会议上多次强调培育社会主义核心价值观的重要意义，还告诫广大青年要扣好人生的第一粒扣子，形象阐明价值观对青年个体成长的重要性。价值观影响一个国家、一个民族和一个人的发展方向，而社会主义核心价值观凝聚着全人类的共同的价值追求，统领着青年的成长成才。习近平强调"把社会主义核心价值观融入社会发展的各方面，转化为人们的情感认同和行为习惯"[②]，以社会主义核心价值观为引领，塑造青年正确价值取向，明辨价值判断标准，引导青年正确处理个体与他人、社会和国家的关系，增强青年的责任担当意识。

---

① 习近平：《在同各界优秀青年代表座谈时的讲话》，载《人民日报》，2013年5月5日，第1版。

② 习近平：《决胜全面建成小康社会，夺取新时代中国特色社会主义伟大胜利——在中国共产党第十九次全国代表大会上的报告》，载《人民日报》，2017年10月28日，第1版。

3. 为学校责任教育提供了根本遵循

马克思说："人创造环境，同样，环境也创造人。"① 学校是国家和民族培养青年人才的筑梦地，肩负着对新时代青年责任教育培养的重要责任，是落实习近平关于新时代青年责任担当重要论述的实践场所。所以要特别重视学校这个环境对青年责任教育的培养。习近平关于新时代青年责任担当重要论述是当代学校进行责任教育的强大思想武器和科学行动指南，其中有责任教育的目标、内容、方法等，为学校进行青年责任教育提供根本指导和遵循。

其一，习近平关于新时代青年责任担当重要论述为学校责任教育提供了目标。不同历史时期青年所承担的历史使命不同，因此学校培养青年的目标有一定的差别，而当前我国正处于新发展阶段，新时期赋予青年新的时代重任，也就有新的育人目标。习近平在清华大学考察时说到，"广大青年要肩负历史使命，坚定前进信心，立大志、明大德、成大才、担大任，努力成为堪当民族复兴重任的时代新人，让青春在为祖国、为民族、为人民、为人类的不懈奋斗中绽放绚丽之花"②，这表明习近平对青年寄予殷切期盼，明确了我国新时代青年责任教育的目标就是要培养堪当民族复兴重任的时代新人。学校是进行青年责任教育的重要园地，学校责任教育要培养的青年是能够适应时代发展和社会进步需要，承担时代重任的青年，因此学校责任教育应以培养堪当民族复兴重任的时代新人为目标，立足中国特色社会主义的现实需求，遵循新时代青年成长的一般规律，使青年责任观更好地在学校开展，努力为国家、为民族、为社会输送更多有担当、敢担当、善担当的优秀新青年。

其二，为学校责任教育提供了教育内容。习近平关于新时代青年责

---

① 《马克思恩格斯文集》（第1卷），人民出版社2009年版，第172—193页。
② 《习近平在清华大学考察：坚持中国特色世界一流大学建设目标方向　为服务国家富强民族复兴人民幸福贡献力量》，见新华网，2021年4月19日。

任担当重要论述是时代的产物，是基于国内国际新情况、新问题，并结合新时代青年特点逐步形成的科学化、系统化、理论化的思想体系，全面深刻回答了"青年担当何种责任，如何培养青年责任担当，为谁培养青年责任担当"的三大问题，能够帮助解决青年面临的实际问题和现实困惑，因此可以将习近平关于新时代青年责任担当重要论述作为学校责任教育内容。学校要充分发挥青年责任教育的主阵地作用，尤其是要充分发挥教师的主导作用，要牵头开展习近平青年责任重要论述宣讲会、主题讲座等活动，针对其深刻内涵和时代价值做解读和说明，优化学校教育环境，营造责任担当氛围，使青年学生增进对习近平有关重要论述的理解和把握。

其三，为学校责任教育提供了具体的方法。习近平不仅明晰青年所肩负的根本责任、基本责任和重要责任，还从方法论的角度给予了全面而系统的实践指导，对青年践行责任和使命的具体路径意义重大。比如习近平不仅指出了青年要实现脚踏实地练就过硬本领的基本责任，还从怎么练就过硬本领提出了具体要求，为学校责任教育工作提供了具体方法论指导。此外，习近平还提出了读书学习法、自我教育法、榜样引领法等方法，为学校责任教育方法增添了新的活力。

三、习近平关于新时代青年责任担当重要论述的践行路径

习近平关于新时代青年责任担当重要论述源于实践，面向实践，具有鲜明的实践品格和价值意蕴，就"如何培养新时代青年的责任担当"的问题进行了回答，指明了新时代青年责任使命的践行路径，有效彰显了知行合一的实践魅力。

1. 发挥合力，涵育青年责任担当意识

列宁说道："只要千百万劳动者团结得像一个人一样，跟随本阶级

的优秀人物前进，胜利也就有了保证。"① 新时代青年责任担当的培养可以发挥教育合力，在学校、家庭、社会教育的一体化培养的基础上，发挥主观能动性有选择地接受教育，提高教育活动实效，涵育自身责任担当意识。

其一，习近平指出青年要"把理想信念建立在对科学理论的理性认同上"②，要"树立马克思主义信仰"。新时代青年可以借助学校的思想政治理论课，全面系统学习马克思主义理论与习近平中国特色社会主义思想的深刻内涵和时代价值，深刻理解先进思想在历史进程中所发挥的重要作用，形成对责任担当的正确认知和有效发挥。

其二，习近平还重视家庭教育对青年责任担当的培育。"家庭是人生的第一所学校，家长是孩子的第一任老师。"③ 新时代青年要向父母学习，体会父母在家庭中所扮演的角色，从而明晰自己应尽的家庭责任，懂得感恩父母、孝敬长辈，传承好家教家风，才能在"小家"的基础上为中国的"大家"实现中华民族伟大复兴中国梦。

其三，全社会有形或无形中渲染青年责任担当的氛围。比如开展以青年责任教育为主题的宣讲活动；在人群密集之地发布宣传单；刊登杂志、报纸等；利用新媒体手段进行宣传。新时代作为有责任有担当的青年应主动参与宣讲活动、积极了解时事等，踊跃融入这股氛围中，强化自身的政治素养、思想素养等，为实现自身责任担当做好积累。同时，新时代青年应同共青团、学联等组织一起，坚定跟党走、奋进新时代，勇担历史使命和时代重任，为党和国家事业发展做出新的更大的贡献。

---

① 《列宁全集（1919年12月—1920年4月）》（第38卷），人民出版社2017年版，第270页。

② 习近平：《在同各界优秀青年代表座谈时的讲话》，载《人民日报》，2013年5月5日，第1版。

③ 习近平：《坚持中国特色社会主义教育发展道路 培养德智体美劳全面发展的建设者和接班人》，载《人民日报》，2018年9月11日，第1版。

2. 立足实践，锤炼青年责任担当本领

习近平说道："所有知识要转化为能力，都必须躬身实践，注重在实践中学真知、悟真谛，加强磨炼、增长本领。"① 实践经风雨，实践长才干。实践锻炼，永远是培养青年的有效途径。青年只有坚定地在实践中求提高、深入基层、到艰苦环境去历练，才能真正锤炼自身的责任担当本领，才能在全面建设社会主义现代化国家的新征程中真正锻炼成长、担当重任。

一方面，青年要立足实践，践行责任担当。习近平青年时期在梁家河插队时，行李箱中最重的东西就是书，他无论多忙，都要挤出时间读书，也强调在实践中积累经验，用亲身经历告诉广大青年"有字之书"和"无字之书"的重要性。新时代青年要立足实践，增强知行合一的能力，才能更好践行责任担当。其一，是要将学习与劳动、科研相结合。积极参与符合自身需要的劳动实践，体会劳动艰辛、培养劳动技能；积极进行发明创造，好好发挥"大众创业、万众创新"的政策优势，激发创造活力。其二，要投身社会实践。通过"三下乡"、志愿服务、义务劳动等，在回馈社会中发挥专业技能，提高能力，增强责任感和使命感。其三，在工作岗位上勤于学习、善于思考。新时代青年在工作岗位上尽职尽责的同时，多多主动与前辈、专家请教、学习他们的人生经验和工作经验、勤于思考，将学习与思考成果外化为工作中的实际应用，增长本领。

另一方面，青年要深入基层，磨砺意志。习近平希望青年人"到基层和人民中建功立业，让青春之花绽放在祖国最需要的地方"②。新时代

---

① 习近平：《在知识分子、劳动模范、青年代表座谈会上的讲话》，载《人民日报》，2016 年 4 月 30 日。
② 中共中央文献研究室编：《习近平关于青少年和共青团工作论述摘编》，中央文献出版社 2017 年版。

青年要深入街道社区、深入城乡、走进西部，参加支教服务、服务乡村振兴等项目，把扎根基层的艰苦历练作为磨炼自己的机遇，脚踏实地练就本领、磨砺意志、强化担当，不断提高实现中国梦所必需的综合素质和能力。其一，新时代青年要放下"面子"。基层工作量大且繁杂，生活环境艰苦，青年要放下"面子"，耐得住寂寞，抛却杂念，转换心态，将在基层工作作为自己能力和意志的最大考验，同时坚定理想信念，将自己个人价值的实现与人民利益的实现相结合，牢记为人民服务，在奉献中增长才干。其二，新时代青年要放下"架子"。新时代青年不能有优越感，凌驾于基层群众之上，而是要深入群众。比如调查走访民情民意，听取群众关于政策落实的意见，换位思考急民众所需所思所想，真真切切与群众融为一体，切实了解到群众的真实需求，可以锻炼自身的整体素质和处理问题的能力。其三，新时代青年不能"做样子"。新时代青年思想活跃，创造力强，是党和国家发展的后备储蓄力量。青年深入基层，为基层发展出谋划策，注入新鲜血液。比如实地调查基层资源优势，鼓励群众大力发展特色产业，扩大基层人民的就业机会；年轻干部要发挥懂新媒体、网络等优势，为民众传播新思想、新技术等。

3. 学习榜样，增强青年责任担当自觉

习近平在人民大会堂的讲话中指出，"自古英雄出少年，在漫漫历史长河中，人类社会青年英雄辈出，中华民族青年英雄辈出"，"在我们党领导人民进行革命、建设、改革的伟大历史进程中更是青年英雄辈出"[1]。我们不难发现，这些青年英雄勇于承担历史重任和时代使命，做好符合自身身份和角色的事，折射出担当责任的深厚情怀和价值品格，表现出优秀的人格魅力。习近平说道："抓什么样的典型，就能体现什

---

[1] 习近平：《在纪念五四运动100周年大会上的讲话》，载《人民日报》，2019年4月30日第2版。

么样的导向，就会收到什么样的效果。"① 因此，新时代青年要以这些青年英雄为榜样。

　　一方面，学习榜样先进事迹，厚植责任担当情怀。榜样的先进事迹体现主体的精神品质和价值观念，为培养青年责任担当提供了新的路径。新时代青年通过梳理青年英雄在宏阔的历史征程中担当责任的艰辛历程，感知他们的优秀品质和精神内涵，从而明确使命自觉性，厚植担当情怀。同时新时代青年还可以挖掘身边潜在的榜样，如"十佳杰出青年""青年模范"等，以他们为榜样，切身体会榜样的先进事迹，大大增强自身责任担当的主动性和积极性。

　　另一方面，拓宽学习榜样的方法和手段，增强责任担当自觉。新时代青年可以通过网络直播、新闻媒体等喜闻乐见的方式满足自身的学习需要，同时还可以组织榜样先进事迹等系列的主题活动，加强自身对榜样人物事迹的感知，帮助青年形塑自身的道德修养和价值观念，更好地履行使命担当，实现人生价值。

---

　　① 习近平：《之江新语》，浙江人民出版社2007年版，第212页。

结束语

道德责任教育是一场成人之旅,
它旨在培养具备符合当代人之存在形态的道德责任意识和道德责任能力
的社会主义建设者和人类社会历史的铸造者。

将大学生培养成为求真、至善、尽美的道德责任主体,
他们超越了"工具人""社会人""经济人",
是完整而丰富的人,是自由而全面发展的人,是真正意义上的人,
他们为了人类幸福而不断奋进!

道德责任作为人之为人的根本性规定，作为调节人与人、人与社会以及人与自然之间关系的规范，始终与人们的生活如影随形。围绕这一论题，历代哲学家、思想家和教育家无不把责任教育问题放置于重要的地位。纵观西方历史，从古希腊时期开始就有着丰富的关于道德责任及责任教育的思想与实践，苏格拉底、柏拉图、亚里士多德等哲学家将责任视为人之所必备的人格，而道德教育就是要促进人的人格发展与完善，致力于培养为共同体恪尽职守的优秀公民，这一思想也成为西方责任伦理思想形成和发展的滥觞。康德开创了义务伦理之先河，认为责任"就是善良意志概念的体现"①，"道德行为不能出于爱好，只能出于责任"②。"善良意志，并不是因为它所促成的事物而善，并不因为它期望的事物而善，也不因它善于达到预定的目标而善，而仅是由于意愿的善，它是自在的善。并且，就它自身看来，它自为地就是无比尊贵。"③因此，道德责任教育在康德那里是使纯粹的理性法则转化为人内心的信念和行为的准则的活动。黑格尔则视道德为意志发展的重要环节，同时认为道德教育应当培养人对共同体的义务，从而使人"成为一个人，并尊重他人为人"。

　　马克思在批判和继承西方传统伦理思想的基础上，在论述其唯物史观及科学社会主义理论的过程中形成了其独具特色的伦理观念，即把人的全面而自由的发展作为伦理思考的最高价值目标，把人的价值完善同人类的解放紧密结合在一起，表现出了它的鲜明特色；同时历史唯物主

---

① 〔德〕依曼努尔·康德：《道德形而上学原理》，苗力田译，上海人民出版社2002年版，第12页。
② 〔德〕依曼努尔·康德：《道德形而上学原理》，苗力田译，上海人民出版社2002年版，第14页。
③ 〔德〕依曼努尔·康德：《道德形而上学原理》，苗力田译，上海人民出版社2002年版，第9页。

走向责任共同体
新时代大学生道德责任意识培育研究

义又为这一价值目标提供了科学的论证，而且为我们思考道德责任问题提供了基本的视角，即立足于主体人的价值关系与价值存在，从人作为关系性存在的本质入手，来理解道德责任的内涵、来源、要素以及生成条件，这为如何展开道德责任教育活动奠定了坚实的理论基础。身处社会转型的当代中国，面临着复杂多变的情势，更不能忽视对人们的精神世界尤其是责任意识和道德素质的培养。这就要求我们自觉地按照马克思伦理观的基本立场，来分析和理解当代社会的道德责任问题，构建符合社会历史所需的伦理价值体系，并以此来指导当代大学生的道德责任教育。

从马克思伦理观的基本立场来看，道德责任教育之根本就是要使人成为人，是促进"真正的人"生成的实践活动。可以说，在人类社会的不同时期，道德责任教育亦承担着不尽相同的成人任务。在当今社会中，由于人的生存基础发生了重大变化，人也必须从近现代以来的"单子式个体的生存观念中走出来，在一种新的生存理念中去实现人的全面转型"[1]。当代道德教育的历史使命就在于促使人的这一历史转型。从整体性个体的整体化责任，到单子式个体的自我化责任再到共生性个体的"他者"责任，人之责任形态的发展体现了社会发展的历史必然性。从另一角度来说，人类社会之所以能够不断前进、不断创造新的文明，是因为人类的责任与使命使然。正是人类在认识世界、改造世界和进化自身的过程中对自我存在价值的自觉反思和追问，铸就了人类社会的延续和前进。人们不断地追求"应然"世界，不断地追问"意义"世界的价值，在历史与文明的荣辱兴衰以及积累沉淀中反思人类存在的价值旨归，使人们认识到自身的使命与责任，这种责任是一种整体性、普适性、永续性的深刻使命，是万事万物共生共存的价值指引。因而，人要成为人，必须是能够负责、理解负责和坚持负责的人。可见，当代

---

[1] 鲁洁：《道德教育的当代论域》，人民出版社2005年版。

道德责任教育就是要使人成为人，也就是要培养负责任的人，同时还必须以当下社会的客观要求为其旨归，培养出符合当代社会需求的"责任人"。

随着人的生存基础的变化，当代社会成为一个自我与"他者"共在和共生的社会。"世界公民""世界历史的人"等概念也逐渐成为当今人们的代名词。基于共生与共在，自我与"他者"成为平等的主体，"他者"无法被自我同一化，这使得自我与"他者"始终处于一种相互依存、相互尊重和相互负责的关系之中。可以说，作为"世界公民"的人们正在逐渐地走向"责任的共同体"之中。当代大学生作为国家栋梁之材，亦是社会主义现代化建设的主力军和生力军，同时更是作为"世界公民""世界历史的人"的主流力量，他们肩负着国家发展和民族振兴的任务，更担负着铸就人类未来的历史使命。可以说，当代大学生的道德品质和责任观念是建设富强、民主、文明的现代化国家，实现中华民族伟大复兴的重要保证，更对人类社会的文明延续和发展起着关键作用。因此，培育当代大学生的"共生"意识、"他者"意识，提升大学生道德能力，使他们能够自觉履行对"他者"的义务，成为当今大学生道德责任教育的题中之义。

然而，在现实的教育生活中，高校道德责任教育却显现出乏力之势。大学生对道德责任的知行不一、道德能力的缺乏；社会价值观的冲突，主流价值观影响力式微；高校责任教育理念、目标和方式的局限，都对业已存在的责任教育提出了挑战与质疑。事实上，大学生道德责任教育的顺利推行，一方面有赖于教育领域充分发挥育人的天职；另一方面也有赖于大学生自身以及社会各界、各领域的共同助力。

高校道德责任教育的乏力，呼唤着新的高校道德教育策略的诞生。高校德育应当充分发挥其育人和成人的功能，不应屈从于当前"唯科学""唯知识""唯工具"的教育观念的牵引而成为无能与温顺的傀儡。从马克思伦理思想的立足点出发，我们对道德责任的内涵、意义与实现条件进行了分析，并对高校道德责任教育的现实境况进行描绘与反思。可以看到，道德责任教育理念的片面化，造成了高校道德责任教育中"真正的人"的缺失。道德责任教育目标与价值的狭隘与功利化，导致道德责任教育实效的缺失。而未能脱离理论教育范式的道德教育，也使得"灌输""外部强化"等教育方式成为道德责任教育的主流。这也在一定程度上背离了学生的实际生活境况，导致大学生道德责任的知行不一。要扭转高校道德责任教育的乏力之势，就必须树立超越"工具人"培养"完整的人"的理念，以促进学生的全面发展为旨归，从"教会负责"到引导学生"理解负责"，同时构建一种以学生为主体与教师为主导相统一，以提升学生的责任认识与责任能力为内容，以交往与对话、知识传授与实践锻炼为方式的道德责任教育模式。此外，大学生道德责任教育的有力实施，不仅仅依赖于单一的教育领域的努力，还必须得到教育领域之外的其他社会领域的助力。道德责任教育是一项庞大的社会系统工程，有赖于学校、家庭和社会的全方位、全时空的参与。

  总之，道德责任教育是一场成人之旅，它旨在培养具备符合当代人之存在形态的道德责任意识和道德责任能力的社会主义建设者和人类社会历史的铸造者。笔者将道德责任的相关范畴放置于马克思伦理思想的视域内进行思考，并对我国大学生道德责任教育进行分析和指导，旨在尝试将马克思伦理思想与当前中国道德教育的实际相结合。这是马克思主义理论中国化进程的题中之义，也是当前社会主义道德建设的必然要求。希望对马克思伦理观视域下大学生道德责任教育的研究能够对当前和未来社会的责任教育有所推动，更希冀为道德责任教育的研究和推行提供更为广阔的视角。同时，笔者的根本意旨更在于，将大学生培养成为求真、至善、尽美的道德责任主体，他们超越了"工具人""社会人""经济人"，是完整而丰富的人，是自由而全面发展的人，是真正意义上的人，他们为了人类幸福而不断奋进！

参考文献

一、马克思主义经典著作

1. 《马克思恩格斯全集》（第1、2、3、42、46卷），人民出版社第1版。
2. 《马克思恩格斯文集》（第1—9卷），人民出版社2009年版。
3. 《列宁全集》（第25卷），人民出版社1998年版。
4. 《哲学笔记》，人民出版社1974年版。
5. 《毛泽东选集》（第1—4卷），人民出版社1991年版。
6. 《邓小平文选》（第2、3卷），人民出版社1994年版。
7. 《习近平谈治国理政》，外文出版社2014年版。
8. 《习近平谈治国理政》（第2卷），外文出版社2017年版。
9. 《习近平谈治国理政》（第3卷），外文出版社2020年版。
10. 《习近平谈治国理政》（第4卷），外文出版社2022年版。

二、西方主要著作中译本

1. 〔古希腊〕亚里士多德：《尼各马可伦理学》，苗力田译，中国社会科学出版社2003年版。
2. 〔古希腊〕柏拉图：《理想国》，郭斌和、张竹明译，商务印书馆1986

年版。

3. 〔古罗马〕西塞罗:《论老年　论友谊　论责任》,徐奕春译,商务印书馆 2003 年版。

4. 〔德〕黑格尔:《精神哲学》,上海人民出版社 1998 年版。

5. 〔德〕黑格尔:《法哲学原理》,范扬、张企泰译,商务印书馆 1961 年版。

6. 〔英〕欧文:《欧文选集》(第一卷),柯象峰译,商务印书馆 1965 年版。

7. 〔法〕圣西门:《圣西门选集》(第一卷),王燕生、徐仲年、徐基恩等译,商务印书馆 1979 年版。

8. 〔德〕依曼努尔·康德:《道德形而上学原理》,苗力田译,上海人民出版社 2002 年版。

9. 〔德〕依曼努尔·康德:《实践理性批判》,邓晓芒译,人民出版社 2003 年版。

10. 〔英〕弗里德利希·冯·哈耶克:《自由秩序原理》,邓正来译,生活·读书·新知三联书店 1997 年版。

11. 〔英〕齐格蒙特·鲍曼:《共同体》,欧阳景根译,江苏人民出版社 2003 年版。

12. 〔英〕齐格蒙特·鲍曼:《后现代伦理学》,张成岗译,江苏人民出版社 2003 年版。

13. 〔英〕齐格蒙特·鲍曼:《现代性与大屠杀》,杨渝东、史建华译,译林出版社 2002 年版。

14. 〔英〕怀海特:《教育的目的》,徐汝舟译,生活·读书·新知三联书店 2002 年版。

15. 〔美〕约翰·马丁·费舍、马克·拉维扎:《责任与控制——一种道德责任理论》,杨韶刚译,华夏出版社 2002 年版。

16. 〔德〕海德格尔:《存在与时间》,陈嘉映译,生活·读书·新知三联书店 1987 年版。

17. 〔德〕马克斯·韦伯:《文明的历史脚步》,黄宪起译,上海三联书店 1988 年版。

18. 〔德〕马克斯·韦伯：《新教伦理与资本主义精神》，于晓、陈维纲等译，生活·读书·新知三联书店1987年版。

19. 〔美〕赫伯特·马尔库塞：《单面人——发达工业社会意识形态研究》，左晓斯、张宜生、肖滨译，湖南人民出版社1988年版。

20. 〔美〕柯尔伯格：《道德教育的哲学》，魏贤超、柯森等译，浙江教育出版社2000年版。

21. 〔英〕米尔恩：《人的权利与人的多样性——人权哲学》，夏勇、张志铭译，中国大百科全书出版社1995年版。

22. 〔法〕亨利·柏格森：《道德与宗教的两个来源》，王作虹等译，贵州人民出版社2000年版。

23. 〔法〕让-保罗·萨特：《存在主义是一种人道主义》，周熙良、汤永宽译，上海译文出版社1988年版。

24. 〔德〕汉斯-格奥尔格·伽达默尔：《真理与方法》，洪汉鼎译，商务印书馆2007年版。

25. 〔瑞士〕皮亚杰：《发生认识论原理》，王宪钿等译，商务印书馆1981年版。

26. 〔瑞士〕皮亚杰：《儿童心理学》，吴福元译，商务印书馆1980年版。

27. 〔瑞士〕让·皮亚杰：《儿童的道德判断》，傅统先、陆有铨译，山东教育出版社1984年版。

28. 〔美〕R. 尼布尔：《道德的人和不道德的社会》，蒋庆、阮炜、黄世瑞、王守昌、牛振辉译，贵州人民出版社1998年版。

29. 〔英〕H. P. 里克曼：《狄尔泰》，殷晓蓉、吴晓明译，中国社会科学出版社1989年版。

三、外文主要参考文献

1. Robert C. Tucker, *The Marxian Revolutionary Idea*, NewYork：Norton, 1969.

2. Richard W. Miller, *Analyzing Marx：Morality, Power and History*, Princeton University Press, 1984.

3. Will Kymlicka, *Contemporary Political Philosophy*, Oxford University Press, 2002.

4. Bernard Weiner, *Judgement of Responsibility: A Foundation for a Theory of Social Conduct*, The Guilford Press, 1995.

5. Donald C. Hodges, *Marxist Ethics and Ethical Theory*, Socialist Register, 1964.

6. Emmanule Levinas, *Totality and Infinity*, translated by Alphonso Lings, Pittsburgh: Duquesne University Press, 1969.

7. Emmanuel Levinas, *Ethics and Infinity*, translated by Richard A. Cohen, Pittsburgh: Duquesne University Press, 1985.

8. Emmanuel Levinas, *Outside the Subject*, Standford University Press, 1993.

9. James R. Rest, Darcia Narvaez, Stephen J. Thoma, Muriel J. Bebeau, *Postconventional Moral Thinking: A Neo-Kohlbergian Approach*, Mahweh, New Jersey: Lawrence Erlbaum Associates, 1999.

10. Thomas Lickona, *Educating for Character: How Our Schools Can Teach Respect and Responsibility*, New York: Bantam, 1991.

11. "Moral Education—the Individual Aspect", in *John Dewey: Lectures in China, 1919-1920*, Translated and edited by Robert W. Clopton and Tsuin-Chin Ou, An East-West Center Book, Honolulu: The University Press of Hawaii, 1973.

12. Allen E. Buchanan, *Marx and Justice: the Radical Critique of Liberalism*, Methuen & Co. Ltd, 1982.

13. Allen W. Wood, "Marxian Critique of Justice", in *Philosophy and Public Affairs*, Vol. 1, No. 3, 1972.

14. Harry Frankfurt, "Alternate Possibility and Moral Responsibility", in *The Journal of Philosophy*, Vol. 66, Iss. 23, 1969.

15. John Martin Fischer and Mark Ravizza, "Responsibility and Inevitability", in *Ethics*, Vol. 101, No. 2, 1991.

16. Holly Hassel and Jessica Lourey, "The Dearth of Student Responsibility", in *College Teaching*, Vol. 53, No. 1, 2005.

17. Cynthia Lake Howell, "Reforming Higher Education Curriculum to Emphasize Student Responbibility: Waves ofRhetoric but Glacial Change", in *College Teaching*, Vol. 50, No. 3, 2002.

18. Ishtiyaque Haji and Stefaan E. Cuypers, *Moral Responsibility, Authenticity and the Education*, Routledge, 2008.

19. Richard T. de George, "The foundations of Marxist-Leninist ethics", in *Philosophy in the Soviet Union*, 1967.

20. John Somerville, "Marxist Ethics, Determinism and Freedom", in *Philosophy and Phenomenological Research*, Vol. 28, No. 1, 1967.

21. Paul Blackledge, "Freedom, Desire and Revolution: Alasdair Macintyre's Early Marxist Ethics", in *History of Political Thought*, Vol. 26, No. 4, 2005.

22. Ruth Jonathan, "Education and Moral Development: the Role of Reason and Circumstance", in *The Journal of Educational Philosophy*, Vol. 29, No. 3, 1995.

23. Kenneth A. Strike, "Liberalism, Communitarianism andthe Sspace between: in Praise of Kindness", in *Journal of Moral Education*, Vol. 29, No. 2, 2000.

24. Richard Pring, "Education as Moral Practice", in *Journal of Moral Educaiton*, Vol. 30, No. 2, 2001.

25. Daniel Putman, "The Primary of Virtue in Children's Moral Development", in *The Journal of Moral Education*, Vol. 24, No. 2, 1995.

26. Michael Smith, "After Managerialism: towards a Conception of the School as an Educational Community", in *Journal of Educational Philosophy*, Vol. 33, No. 3, 1999.

27. Jan W. Steutel, "The Virtue Approach to Moral Education: Some Conceptual Clarification", in *The Journal of Education Philosophy*, Vol. 31, No. 3, 1997.

28. Nel Noddings, "Conversation as Moral Education", in *The Journal of Moral Education*, Vol. 23, No. 2, 1994.

29. T. Edsall, "Scientific Freedom and Responsibility: Report of the AAAS Committee on Scientific Freedom and Responsibility", in *Molecular and Cellular Biochemistry*, Vol. 11, No. 2, 1976.

30. Forge,"Moral Responsibility and the'Ignorant Scientist'", in *Science and Engineering Ethics*, Vol. 3, No. 6, 2000.

四、中文主要参考著作

1. 曹日昌主编：《普通心理学》（下册），人民教育出版社 1980 年版。
2. 罗国杰主编：《中国伦理学百科全书》，吉林人民出版社 1993 年版。
3. 金炳华主编：《马克思主义哲学大辞典》，上海辞书出版社 2003 年版。
4. 安启念：《马克思恩格斯伦理思想研究》，武汉大学出版社 2010 年版。
5. 李琦：《道德科学初学集》，人民出版社 1979 年版。
6. 田国秀：《当代社会责任伦理》，人民出版社 2008 年版。
7. 葛兆光：《古代中国文化讲义》，复旦大学出版社 2006 年版。
8. 何怀宏：《伦理学是什么》，北京大学出版社 2002 年版。
9. 夏伟东：《道德的历史与现实》，教育科学出版社 2000 年版。
10. 联合国教科文组织国际教育发展委员会编著：《学会生存——教育世界的今天和明天》，教育科学出版社 1999 年版。
11. 李琦：《道德科学初学集》，人民出版社 1979 年版。
12. 殷鼎：《理解的命运》，生活·读书·新知三联书店 1988 年版。
13. 佘正荣：《中国生态伦理传统的权势与重建》，人民出版社 2002 年版。
14. 唐凯麟、龙兴海：《个体道德论》，中国青年出版社 1992 年版。
15. 鲁洁：《德育新论》，江苏教育出版社 1994 年版。
16. 魏英敏：《新伦理学教程》，北京大学出版社 1993 年版。
17. 袁本新、王丽荣：《人本德育论》，人民出版社 2007 年版。
18. 刘世保：《责任教育研究与指导》，北京理工大学出版社 2011 年版。
19. 万俊人主编：《清华哲学年鉴·2003》，河北大学出版社 2004 年版。
20. 包利民、〔美〕M. 斯戴克豪思：《现代性价值辩证论——规范伦理的形态学及其资源》，学林出版社 2000 年版。
21. 夏伟东：《道德本质论》，中国人民大学出版社 1991 年版。

五、中文主要参考论文

1. 鲁洁：《边缘化、外在化、知识化——道德教育的现代综合征》，载《教育研究》，2005 年第 12 期。

2. 田秀云：《儒家名分论中的合理内涵与现代角色伦理建设》，载《道德与文明》，2007 年第 6 期。

3. 高湘泽：《道德责任的主体必然性与合理性之根据》，载《哲学研究》，2006 年第 3 期。

4. 陆传照：《道德责任与道德建设》，载《探索》，1999 年第 6 期。

5. 魏安雄：《论主体道德责任》，载《现代哲学》，1999 年第 1 期。

6. 鲁新安：《价值冲突下的道德责任能力建设》，载《学术研究》，2007 年第 8 期。

7. 刘鹏、陈玉照：《"正义之争"与马克思的"非道德论"问题——"塔克尔—伍德命题"引发的争论与思考》，载《社会主义研究》，2010 年第 4 期。

8. 叶飞：《"他者"道德视角与道德教育的"他性"建构》，载《江苏高教》，2012 年第 2 期。

9. 顾智明：《论伦理本体——对马克思伦理视角的一种解读》，载《社会科学》，2003 年第 3 期。

10. 蔡志良：《论青少年道德能力的培养》，载《教育评论》，2004 年第 3 期。

11. 李培超：《马克思伦理思想的逻辑思路》，载《当代世界与社会主义》，2007 年第 4 期。

12. 刘建军：《人的本质和"不完整主体"理论及其应用》，载《东北师大学报（哲学社会科学版）》，2008 年第 1 期。

13. 李荣：《马克思实践观的他者向度及其当代超越性解读》，载《齐鲁学刊》，2006 年第 2 期。

14. 李洁：《论大学生责任教育的实施》，载《教育评论》，2005 年第 5 期。

15. 杨大春：《超越现象学——列维纳斯与他人问题》，载《哲学研究》，

2001年第7期。

16. 顾红亮：《另一种主体性——列维纳斯的我他之辩与伦理学》，载《天津社会科学》，2005年第4期。

17. 李培超：《论马克思伦理思想的整体性》，载《哲学研究》，2012年第5期。

18. 曹孟勤：《再生产整个自然界——马克思生产伦理思想研究》，载《马克思主义与现实》，2013年第2期。